單讀

把自己作为方法
—— 与项飙谈话

项飙 吴琦 著

上海文艺出版社

代序
重建对话的精神

在伦敦一家半地下的旧书店,我买到了这本《为了以色列的未来》(*For the Future of Israel*),西蒙·佩雷斯(Shimon Peres)与罗伯特·利特尔(Robert Littell)的对话录,前者是备受尊敬的前总理,中东和谈的主要倡导者,后者是前新闻记者,还是一位间谍小说家。

尽管书页有少许残破,封面的蓝色还有些褪色,我还是毫不犹豫地买下它。那该是 2002 年左右,我正挣扎于如何成为一名好记者,如何与一个陌生人进行一场对话。

法拉奇、华莱士激起我的赞叹与敬畏,却无法追随。他们将谈话对象逼迫至角落,令他们作出回应。这种极端情况,可能剥去一个大人物的伪装与谎言,呈现一个更真实的自我。但它太像一场舞台剧,太过浓缩,兴奋得上头。

代序

佩雷斯的对话录，提供了另一个维度。从童年成长到参与以色列建国，再到六日战争与中东和谈，他谈论童年的记忆，影响个人的作家，卷入政治的历程，重大决策的内幕。这是我渴望的那种对话，提问朴素却精确，回答高度个人化又极富延展性，它既镶嵌进具体历史情境又随时会通向一个意外的方向。它将个人思想、时代精神、众多人物，巧妙地编织在一起。

两年后，我前往耶路撒冷，随手带着这本书。置身于起伏的老城、错乱的街巷中时，我想起了佩雷斯的叙述，那些私人感受、历史洞察似乎弥漫开来，附着在台阶与窗棂上，似乎也在与此刻的我对话。

很长一段时间，我都期望这种对话形式也在中文世界繁盛。中国社会四十年来的巨大转型，各个领域涌现出杰出、极富性格的个人，他们的故事与思考，值得被反复追问，借此，我们才知这一切是如何发生的，又付出了何种代价。

很可惜，这一对话形态从未生根。人们急于向前奔，无暇审视来时路，人们也安于种种陈词滥调，在喧哗的众声中发出更大的声响，鲜少去辨析自己更敏感、更独特的声音。这不仅需要一个诚实、丰沛的谈话者，也需要一个敏锐、耐心的提问者。他们穿梭于不同时空，同时紧紧抓住个人思想之锚。

重建对话的精神

这本《把自己作为方法》，令我想起这个久违的期待。这本三百页的小书，是多次长谈的结果，从北京到牛津再到温州，项飙对吴琦讲述了个人思想的形成，他的人类学家的经验，对于一个流动世界的看法，一个中国学者的焦虑。

尽管并非佩雷斯式的历史人物，这本小书却分享了《为了以色列的未来》中相似的迷人特质，它从个人经验出发，抵达一个更宽阔的世界，这张迅速延展的信息、事件、人物、思想之网，也令个人特质变得愈发清晰。

这两位对话者，是我深感钦佩的朋友，也是我的校友，我们三人也构成一个有趣的智识回应。我1995年入读北大时，项飙已是一个传奇，我记得他的消瘦面孔，以及他研究的课题，关于北京的"浙江村"。至于这研究到底为何重要，我毫无概念，只记得费孝通也对此颇为肯定。十四年之后，我在牛津大学第一次见到他，我们在一处草坪上谈了一整个下午。具体的内容，我大多忘却，印象尤深的是他刚到牛津时的失语，前往印度及澳大利亚的考察，以及他惊人的坦诚与开放。

吴琦则是我的学弟。大约是2009年，我在北大新闻学院上过几节散漫的公开课，课堂上有两位尤其聪慧的学生，其中一位就是吴琦。几年后，他成为我的同事，一个不断给我惊喜的智识上的伙伴。

代序

  我与他们的关系亲密又疏离。心中总暗暗觉得，他们比我更敏感、精确，也更深入。我比任何人都笃信，这本小书，将成为一本迷你的经典，不仅因为其思想与洞见，更因为它示范了一种对话的形态，如何诚实、充满好奇且敏锐地理解他人、厘清自我。它是一个人类学者阶段性的自我总结，更是一次诚挚的邀请。它邀请每一个阅读者，都加入一场无穷无尽、兴奋亦疲倦的对话，我们的世界正因这对话而魅力非凡。

许知远

2020 年 5 月 9 日

目录

代序 重建对话的精神　　I
前言 自我是一种方法　　001

北京访谈　2018.3

访谈之前　013
童年图景　016
80年代　030
北大青年的焦虑　040
研究"浙江村"　055
年轻人之丧　069
边缘与中心　074
个人危机　089
全球化与逆全球化　096
用80年代来批判80年代　106
什么是批判　114
理解的学问　125

牛津访谈 2018.8

访谈之前　135
牛津记忆　139
距离感与直接性　150
人类学的圈子　159
非虚构写作　164
学术不是天职　173
民族与民粹　178
新加坡启蒙　188
"盘根"式共同体　192
跨国性的自治的小世界　199
大学应该寻找例外　203
个人经验问题化　210
新研究　218
共同理想　226
乡绅作为方法　229

温州访谈　2018.12

访谈之前　239
人的再生产　245
阶层流动的悖论　258
寻找新的话语　264
作为中介的人类学　272
再谈乡绅　281

尾声　289

附录

项飙著述目录　291
索引　303

前言
自我是一种方法

没想到这本书真的出版了。从一开始有这个设想，到编辑罗丹妮和朋友郭玉洁介绍我和项飙老师见面，甚至在三年来每一次谈话直至尾声，在出版流程一点一点排除困难往前推进的过程里，我都始终抱有怀疑。在今天，这种怀疑好像正在成为一种日常、普遍的时代心理，对人对事的期待不敢过高，机会都很脆弱，又充满风险，希望经常以各种理由落空，更经常在落空之前自己先放弃。如愿完成一个计划，反而成了一件特别意外的事。

但我又时常想象，如果这本书真的完成，自己会是怎样的心情。像以前写毕业论文时的状态，苦熬着写完正文，迫不及待去写后记。这种本末倒置，也是很有征候性的现象。人们一心奔向结论，奔向情绪性的抒发和感慨，忽视了凡事都有一个具体劳动、结果难测的过程。在这个

前言

过程中，我的情绪时而激愤时而悲观，时而感到这本书的重要性，时而又觉得它改变不了什么，脑子里换了许多种语气为这篇文章构思。最后，当所有工作接近完成，终于需要坐在电脑前回溯过去的时候，发现自己的心态停留在一个出奇平静的节点——竟然可以客观地对待这本书，就像对待一件别人的作品。过去的自己可能也是某种他者，我们曾经付出的智力活动、文本工作、时间和旅途，已经自成一体，纷纷开始自我说明。这让我想到项飙老师在他的人类学研究和人生经验中时常强调的一点，比起知识分子、学者、老师这些称号，他说自己更像是一个做打火机的温州人，在表达观点、提出意见之前，最重要的是先把打火机做出来。现在这只"打火机"，就摆在各位面前。

  如果还有什么需要制作者提前交代，可能是一点导游的工作，向大家说明这次长谈为什么会发生，是怎样发生的。这可能也延续了口述史的精神，在社会学式的论述中，依然保持一个主观的视点。更实际的效用，是希望向读到这本书的人解释它的面目。一方面，它是一项自觉的工作，编辑、提问者、回答者的角度虽然不同，但都有明确的目标，并且经过持续的校正和统一。另一方面，这也是一个参与者不得不首先把自我交出来，又在共同的探索中得以放下自我的过程，直到最后发现，正是"自我"这个工具，让我们能够撞击出超越自我的问题。

最早的设想，是用一本书的体量规划一次长谈，打破一般媒体访问在时间、体例、议程设置上的限制，把问题谈得深，推得广，更重要的是谈出和当下生活的切近性。我们都同意这个方向，但并不确知如何实现。那时，项飙老师大概没准备回顾自己的人生，对谈论自我还相当谨慎；丹妮在担忧如何说服公司和同事，跳脱出僵化的出版惯例来接纳这样一次在国内没有太多先例的尝试；而我，只能跟随最初的陌生感和直接的好奇心，硬着头皮提出第一个问题。

第一次谈话是在北京机场附近的一家"国际酒店"里进行，项飙老师在这里中转，停留时间有限。号称"国际"的酒店里，陈设却很本土，没有方便谈话的公共空间，只有大堂里一小块地方用玻璃隔出来作为茶室，没有人照料生意。我们便在这里从下午谈到凌晨。第二天早上又坐上摆渡车，在机场的咖啡厅里继续。谈话完全漫过了原本准备的提纲，远离了学者访谈常见的那些抽象、普遍性的概念，甚至没有在观点层面做太多追问和澄清。想象一下，两个还比较陌生的朋友见面，在弄明白对方是谁、经历过什么之前，任何表态都显得操之过急。于是我们沿着日常的逻辑，在一些基本甚至寒暄式的问题上盘旋，比如他是怎样在温州长大，除了研究"浙江村"以外是怎样度过在北大的大学时间。其中固然饱含着个人回忆，但与

前言

其他主动的、感性的回忆不太相同的地方是，提问者出于试探而回答者是出于礼貌和严谨，才通过这样一种对回忆的再认识、对回忆的回忆，推敲出背后的问题。因此谈话有时看起来离题很远，最终又回到起点，一些我们原本想要涉及的议题或理论，比如乡绅、知识精英、对80年代的反思、教育问题等，像沙滩上的贝壳，在这个潮汐般的来回中渐次浮现出来。

这不期然确定了我们的谈话方式，为一首漫长的曲子找到了和弦，它既符合项飙老师在散射中聚焦的讲述习惯，也自然地突破了访谈的限制，为新的结构和更大的容量做了准备。它也成了我们自觉的工作方法，放弃概念性的框架，尊重对话的流动，让它真正成为一次漫谈。

第二次，我们在英国牛津见面。这是项飙老师二十多年来工作、生活的地方。他带我浏览了这座千年小城，在那些影响过历史进程的学者和政治人物出没过的地方，我们快步疾走，没有在那些故事里徘徊，他们参与制造的神话某种程度上正是这次谈话希望克服和重新检视的东西。陌生的牛津风景，也因此失去了一部分魔力，甚至在了解采访对象的意义上，也没有提供太多辅助信息。因为我惊讶地发现，就我们关心的一个人的思想历程这个问题而言，物质生活的转场并不一定是个显著的变量。只记得那几天阳光大好，风不断吹拂草地，我们在他的办公室和家之间往返，在户外也随时停坐下来，谈话一直继续。中途去超市买菜，去书店看看，都只是小小插曲。城中有一片田野，疲惫的时候他会来这里散步。剧烈的思考，反映在生活里，有时就只剩一点淡淡的余味和痕迹。毕业离开中国之后，项飙老师就是在这样一个宽松、开放、世界性的环境中工作，过着连绵、紧张而自律的精神生活。他也由此谈到在新加坡的访学，可能比牛津、北大这些光辉的名字更让人开阔眼界，一个在复杂的大国政治中寻找位置的故事，提示着所有追逐中心梦想的人，在无声处听见有声，在边缘发现边缘。

这次谈话也让我意识到一个缺憾，沿着个人"流动"轨迹的叙述，会导致在具体研究上停留不久。尽管介绍研究成果并不是这本书的目的，但作为一个学者，在专门研究中的沉思与实践，是"自我"的重要组成部分，于是项飙老师也同意，下次从这里谈起。等有机会在温州见面，又是四个月之后。我们一边寻找新的议题，一边开始补充谈到他近些年的研究，除了"浙江村"和"全球猎身"这两项比较为人熟知的研究之外，还有他在留学、养老、仪式经济等题目上的探索，对"人的再生产"这个概念的兴趣，以及对香港、北京、民族问题等公共事务的关注。在温州，我还见到了项飙老师的父母和亲戚，包括对他的童年影响颇大的三舅。三舅更健谈，他从小区附近突然飞来

前言

的子弹谈到上世纪三四十年代在温州沿海闹事的海盗，谈到温州地区的内部差异以及家史，也详细地解释了餐桌上每道本地菜的制作步骤。他以一种自然也直白得多的方式，确认了我们为这本书确立的对话精神，不需要理论框架和参考材料，直接从生活经验中抽出历史认识。这可能正是项飙老师一直强调的那种温州味道的来源。这次在温州待得不久，直到我们一起坐车离开，在出租车上，在晚点的候机大厅，甚至是飞机的轰鸣声中，才有大块的空白时间可以谈话。此时我早有准备，把头脑和录音笔都始终打开，捕捉沿途的思想风暴。这已经成了我们常有的工作场景，在各类移动交通工具和中转节点短暂汇合，从不同的地方来，再到不同的地方去，像一台高速运转的集成器，集中交换着关于大时代、小世界的意见。这个过程本身也像一个隐喻，在信息与利益加速流转的时代，人与人之间在思想上的交流与对话，是如此欠缺和迫切。这和他的牛津校友、哲学家以赛亚·伯林（Isaiah Berlin）的信条一致，他始终认为"语言和思想是相携而行的"，也如伯林所欣赏的法国知识分子雷蒙·阿隆（Raymond Aron）所言，"对话的社会是人类的关键所在"。谈话作为载体，人类学作为中介，乡绅作为思想资源，自我作为方法，这些总体性的线索也随之清晰，一本书的骨架终于接近成形。而马不停蹄的项飙老师，在夜班飞机上第一次露出了疲惫。

这就是三年来几次主要谈话的情况（还没算上另几次补充访谈），也是一次小型的"对回忆的回忆"。它的确成了一种可供操练的方法，让我把泛滥的情绪安顿下来，直面我们付出的心力及可能的不足。除此之外，在其他会面和邮件来往中，我们都紧密地讨论书稿的内容和体例，具体到标题、分段、注释、索引、设计等文本细节，也会谈谈各自的近况和世界的新事。对个人来说，这当然是一场再愉快、融洽、丰富不过的谈话，但更重要的是，它帮助我们理清了原本模糊不清的方向，找到了观察与反思的位置。"自我"不再是一个自足的概念，而是一个可以检验的命题，在不同的层级和权重上，取不同的分寸和距离，而不止于一些抒情或模糊的话语。

在成书的过程中，我们的原则是尽可能保持对话的原貌，尊重聊天原本的语感和流向，一些口语表达的特点，也没有进行太多处理。希望用这样的方式，还原出一定的现场感。很多问题都是临时提出，随着周围环境和所见事物而变化，也融入了我在不同阶段的感想和困惑，项飙老师也是立刻应答，不会提前准备，抓住一个题目，迅速进入分析，把一些我们习以为常的概念和现象重新问题化，经过思维的整理之后，再放回经验的抽屉。其间充满了意外的发现和共同的探索，以及不多的沉默时间，我第一次意识到，有些沉默只是思想在拧紧。最后我们按照谈话的

前言

时间和地点来组织书的结构，也是因为在时间和空间的感觉上，它都和实际情况最为接近。

作为结果，"自我"在很大程度上被凸显了，其中包括那些我们自觉展现的部分，也包括不自觉的流露，这是《把自己作为方法》的题中之义，是更多对话的基础，可供读者讨论和批评。但展示自我从来不是目的，甚至可以反过来说，这本书的目标之一正是把这个概念从利己主义的泥沼中解救出来，揭示出原本就附着其上的历史脉络和社会关系。这本书更具体、更内在的对话对象，是一般意义上的知识人，比如学者、艺术家、学生，以及从事其他职业但一直保持读书和思考习惯的人，尤其是年轻一代。因为我们谈话的线索之一始终是知识如何更有效地介入社会，而项飙老师的学术风格和行为方式，他对人类学的创造性运用，对80年代"文化热"的批评，都是在知识分子关怀的基础上对这个传统的主动反省。在新的技术条件和社会结构中，他释放出的转型信号，正是新一代知识人施展自己的想象和行动力的起点。

我和项飙老师一样，也是在北大接受大学教育，之后进入媒体、出版和书店领域工作，一直在书写的传统之中，并且相信公共精神。努力跟上谈话的节奏，对我来讲是一次如饥似渴的学习。项飙老师示范了一个不知疲倦的思维进程以及对沿途遇到的问题有狩猎般的决心和精确，我也据此训练自己，在思想和实践之间来回摆渡，参与创造周围的小世界。具体到工作上，这次访问更新甚至重塑了我对媒体工作的想象，它终于冲破了虚荣和短视的天性，摆脱了非此即彼的思维习惯，找到了一种平衡、持续的热情。

还要特别提到这本书的编辑罗丹妮，不止是致谢那么简单。她完全超越了一般编辑对于一本书的投入和付出，不仅为它找到了最合适的出版形态，更将自己对于当代社会和公共话语的思考，加入到对话中来。在这个意义上，我们都不自觉地打破了对学者、记者、编辑这些既定职业身份的单一认识。边界被打破，新意才会创造出来。应该说这本书是我们三个人共同的作品。

希望这本书能够抵达更广阔的读者群体，这大概是支撑我们喋喋不休谈论"自我"最根本的动力，在那里，谈话将被继续。不管是在我们所熟悉的知识人的范围，还是在更陌生的人群中，如果你们也愿意结交陌生的朋友，在思考中得到乐趣，或者带着思考去生活，这本书都愿意被当作一个开启交流的良好意愿。就像我们三人刚开始进入这次谈话一样，如同在密林中取水，在直觉中反省直觉，在变化中确认相对的不变。你们会发现在一场开诚布公的谈话中，现成的看法和预设都会失效，价值需要重新判定，而精神会抖擞起来，那些困扰、挫败过我们的难题变

前言

得不再那么绝望无解。"方法"首先是一种勇气。不一定要遵守那么多惯例，不一定要听所谓主流的意见，想做的事不一定做不成，同行的人不一定都会掉队。这个世界上还存在这么一种可能，问题可以一点一点辨析清楚，工作可以一点一点循序完成，狭窄的自我会一点一点舒展，在看似封闭的世界结构中，真正的改变就这样发生。项飙老师的生活与研究已经展示出这种可能。这本书更是一个活的例子，我很荣幸能够参与其中，并且为之证明。

吴琦

2020 年 1 月 21 日

Author	
Title	北京访谈
Date	2018.3
Review	

在北京的谈话,是最早也是单次持续时间最长的一次。从项飙老师的童年、青年、大学时代一路追溯,试着了解他较少谈及的个人生活史。从他的讲述尤其是讲述的方式中,我们逐渐找到持续的推动力:一边努力维持一条相对集中的主线,另一边又随时延宕开去。这也是谈话者互相熟悉的开始,他对过去四十余年反思性的回想,与其间中国、世界情势的变化交织在一起,让此刻的我们感到既陌生又共鸣,而论及的乡绅、全球化、80年代的思想遗产、知识人社会角色的转变等命题,在后面的谈话中,我们会不断重返它们。

访谈之前

吴琦：首先想问，您为什么会对访谈这种体裁有兴趣？国内学者总体上不太流行或者习惯通过访谈来表达自己，这样的访谈也无法变成他们的学术成果，而且近年来随着大众媒体的衰落，有质量的学者访谈就变得更少了。

项飙：用中文整理思路，对我自己来讲是一个学习过程。非常重要的是，在访谈的时候我们不能用学术的语言，说的话都比较实在，是不假的话，也是我已经想得比较明白的话。只有想明白了，才能用大白话讲出来。把模糊的想法清晰化，能够用直白的语言表述出来，需要很高的造诣，所以访谈也是一个自我提高的过程。

更重要的价值是互动。通过访谈能够跟现在的年轻群体交流，这个太重要了，让我听到一些声音，看到一些正在发生的变化。变革，不一定是革命性的大变革，我们所处的每一刻都可以是历史的拐弯点，都蕴含着多种变化的可能。怎么去理解、把握这些拐点，就成了一个很重要的问题。

我感觉到年轻同学渴望有一些工具来帮助他们思考、探索，他们这个愿望非常强，而且今天他们需要的工具跟以前的工具不一样了。以前，有工具来分析和设计经济运行、社会资源再分配、城市规划等等可能就够了。那是典型的实证研究和政策研究的工具。这些专家式的工具是以前推动变化的主要途径。今天的社会不一样了，我们有社交传媒、平台经济，年轻人受教育的水平空前提高，我们需要的是大众的思考工具。这个工具不是外在的，像一台电脑或者手机，我可以给你；而是要放到他们脑子里面，由他们自己去处理、去发挥。他们也一定要改造这个工具，或者在不适用的时候把这工具完全抛掉，再造一个。作为一个社会研究者，我觉得自己的工作就是做这样的思考工具的孵化器。我不能给你什么，我只能激发你、提醒你。原来那种专家告诉群众的模式要改变。

吴琦：说到互动，我希望可以在访谈中把您的生活经历和学术工作做一个呼应，来看看您这个人是怎样发展到今天，生命经验和学术经历之间是什么关系。另一方面我可能会带入我自己的问题，带着我工作中遇到的疑难，尤其对周围年轻人的观察。这里可以说到戴锦华老师的例子，我在大学里听她的课，深受她的影响，后来的媒体工作让我有机会采访她，才开始意识到课堂中的理念与真实的社会进程之间的缝隙，以及跨越这些缝隙的迫切愿望。我记得戴老师也讲过，对于今天的问题，他们那一代知识分子也难辞其咎。

项飙：难辞其咎是什么意思？

吴琦：我的理解是，那些正确的理念，在现实操作里到底出了什么问题？是因为我们有什么工作没有做到位，还是别人的工作更到位一些？其实需要总结的是一些实践的智慧，对今天的青年帮助更大。所以我也会很好奇，我的老师、学长，他们的人生是怎样构成的，哪些是所谓时代、环境赋予的，哪些是个人的特质？这些经验中可分享、可借鉴的部分是什么？这样可能也更容易和读者产生比较切身的联系，而不是一个遥不可及的东西。

项飙：你一定要带入你个人的经验，否则其他东西都是飘着的。理解世界必须要通过自己的切身体会。今天的一个问题就是知识分子不接地气，不能从非常具体的生存状态出发讲事情，讲的东西都比较无机、缥缈。你来问，我能够回答，对我来说这是一个很好的机会。但这里也有一个局限，因为我还比较年轻，再过二十年或者二十五年，回顾人生的那种味道可能不太一样，比如童年、青少年时期对我到底有什么影响，这些东西现在看不太出来。

虽然我愿意去想，但还不是一个自然的要回顾人生的阶段。所以我们还是以想法、对现状的评论为主，中间穿插个人的经验，主要是一个思想访谈，是以一个很具体的人的面目出现的思想访谈。我还特别希望把它做成一个针对青年的对话，所以很需要你通过他们的角度提出问题。

吴琦：那我们是不是可以从您的青年时代开始聊，中间碰到需要展开论述的题目，再把它拎出来？

项飙：以具体的问题，或者以我的个人经历来开始，这些都可以，然后我们再编排。

吴琦：对，反正也会是一个比较长的过程。

童年图景

吴琦：我们对您的个人故事的了解还是比较有限，在文章《回应与反省》[1]中，您曾讲到自己的成长时期，也就是20世纪80、90年代。您写道，"个体自由、社会自主、

1　项飙：《回应与反省——我们如何叙述当下、进入历史：兼论人类学的现实角色》，《考古人类学刊》，2015年第83期，第96页。

政治民主、经济开放是当时青年学生的强烈要求,而早先的社会主义体系是被看作要遗弃的历史负担"。那您自己在青年时代的思想状态是怎样的,或者更早一点,在童年时期,您在想什么问题?

项飙:我们的人生过程都是被各种社会力量推进或者裹挟着过来的,包括很偶然的力量,当然自己也会有兴趣,有兴奋点,但是我早年怎么想和我今天在干什么,不一定有必然的联系。我原来以为我的童年完全没有意思,现在想了一下,还是有些有趣的地方。温州那时候(1980年代初)商业化气息已经比较浓,但我们家比较奇怪,住在我妈妈工作的中学的宿舍,宿舍是用教室改的,厨房开始是三家共享,后来是两家,大概十平方米,厨房的墙上写着标语"抓革命,促生产",还有领袖的像。我很小的时候老问我妈,"抓革命"是什么意思,因为对我来讲,"抓"都是抓坏人,革命是好的,怎么会"抓"呢?这个事想了很长时间。

上小学之前,我的大部分时间是在外公家度过的。我外公是一个比较有意思的人,他的爸爸是晚清最早几批参加全国统考、被政府公派去日本留学的留学生之一。他大

北京访谈

概是一九零几年去日本，跟沈鸿烈[1]这些人一起，沈鸿烈后来成为国民政府的浙江省主席。我的太外公在日本的海军兵学校读书，回来之后，进入北洋军阀一个上海舰队，他遗弃了（在温州乐清的）这个家庭，在上海娶了二房，开始抽鸦片。解放后，他被处理成反动分子，又落魄了，回到乐清老家。我外公就来自这个破落的地主家庭。这个背景比较重要。他后来成为一名工人，在一个亲戚开的工厂里工作，1950年代这个工厂公私合营[2]后，他就成为这个集体企业的中层管理人员。他和他的父亲应该是很疏远的，用今天的眼光看，可能没有太多的感情。但他好像很以他父亲为豪，觉得他是一个人物。所以我外公就很有意思，有一种落魄贵族的气息，跟邻居格格不入，也比较爱评论，像如何处理邻里关系，他也会用概念和道理，把事情赋予一定的意义、价值判断。他跟新社会的关系也比较复杂，不是简单的排斥或者赞扬，而是一种比较独立的评论，有一种能够自洽的距离感。外公对我的影响很大，因

---

1 沈鸿烈（1882—1969），字成章，湖北天门人，18岁中秀才入日本海军兵学校学习，1911年回国，成为张作霖、张学良的心腹，是东北海军的实际缔造者。二战期间为国民革命军上将。后赴台湾，并担任当局要职。

2 1954年9月，政务院通过《公私合营工业企业暂行条例》。条例规定：对资本主义企业实行公私合营，应当根据国家的需要、企业改造的可能和资本家的自愿。1956年初，全国范围出现社会主义改造高潮，资本主义工商业实现了全行业公私合营。

为我是从小跟着他长大的。

但我和外公住的那个地方——跟他破落的家庭背景有关——应该是一个非常下层的街区，那里聚集的主要是码头工人，他们拉人力板车，在码头卸粮食。我们住的都是棚户区一样的房子，用木板搭起来，缝隙都很大，我们家隔壁是一个暗娼，比我大的孩子就趴着在木墙的缝里看，声音都听得见。当时我比较小，不太知道究竟是怎么回事，但邻居一吵架，这话就说出来了。吵架是经常的事，说这家偷电、偷水。当然也有邻居在工厂上班，我能够感觉到那个差别。有一家人，我印象很深刻，青少年们都特别羡慕那家的姐姐，她可能比我们大十几岁，通过关系被分配到罐头厂，所以过年过节都能拿罐头回家。

我小时候就是生活在这样三重世界里。一重是底层街区；一重是我外公的没落贵族世界；再一重是我上学后，和父母住的学校里。上学后，每天早饭我爸爸让我听中央人民广播电台的"新闻和报纸摘要"，就像每周一歌，听了之后就懂得很多话语，还培养了我对朗诵的兴趣。这三重社会环境很不一样，这可能让我意识到生活的差异性。当然我从小就比较认同知识分子的世界，因为父母都是，而且那时候知识分子是一个很重要的话题。70年代末80年代初，《人民日报》社论提出"尊重知识，尊重人才"、"科技是第一生产力"[1]，是所谓"科学的春天"，知识分子得到重视，学校宿舍的邻居就整天谈知识分子政策的落实。

有意思的是，那时候不管哪个群体都有很强的政治意识。我记忆比较深刻的是，邻居们有一次说陈云的讲话讲得好，"无工不富，无农不稳，无商不活"，这是80年代的讲话。其实他们和农业没有什么关系，但他们关心。我外公家那种生活环境是，一家吃饭，邻居们都来串门，围着桌子站着，观摩你怎么吃。谈话也都是跟政治有关，对时局怎么评价，对政治人物怎么评价。

当然一个很重要的问题是菜的价格，每天看你买了什么菜，问你价格，抱怨菜价的上升。当时一个重要变化是开始有了农副食品自由市场，所以大家经常会问，你这个鱼是公家菜场买的还是私营菜场买的。公家菜场卖得比较便宜，但排队要很长时间，私人菜场就放开卖，可能比较贵，但东西比较多。我当时就觉得大家都是矛盾的心态。后来我发现，普通人这么关心政治，关心社会变化，这在

---

[1] 1978年3月，邓小平《在全国科学大会开幕式上的讲话》中指出："科学技术是生产力。""正确认识科学技术是生产力，正确认识为社会主义服务的脑力劳动者是劳动人民的一部分，这对于迅速发展我们的科学事业有极其密切的关系。"在1988年的一次讲话中，邓小平又提出："科学技术是第一生产力。"中共十四大肯定并发挥了这一论断：科学技术是第一生产力，振兴经济首先振兴科技。

世界范围内其实很少。我知道日本人在餐桌上从来不谈政治，认为谈政治是一种不文明的行为。我就很奇怪，问我爱人为什么大家不谈政治，她说你谈了以后，可能会破坏情谊。因为大家的政治观点可能不一样，老婆不知道丈夫投票投了哪个党，爸爸不知道儿子投了哪个党，没有这种讨论。德、法的群众比较政治化，和我们有点像。

吴琦：童年哪些人、哪些事对您影响比较大？

项飙：我的三舅舅是一个很聪明的人，他对身边事情的观察非常敏感、到位。你要在农村调查的话就会发现，在任何一个村都有人能把这个村子的事情说得很清楚。这其实很不容易，我们现在跟年轻人谈话，让他坐下来讲一下他们班、他们学校的事情，讲清楚这个体系是怎么运转的，基本的权力结构是什么，主导意识是什么，每个人的动机是什么，能够分成几类，大部分人讲不出来。这其实是非常重要的一种训练。大家一定要对自己生活的小世界发生兴趣，有意识地用自己的语言把自己的生活讲出来，做一个独立的叙述——也不用分析，就是叙述。

我三舅舅对我影响比较大，就是他能对身边的事情形成一个图景。比如说做年糕，他会把从浸水、攒米[1]到火候掌握很系统地讲出来，能够把其中的道理勾勒出来，事情

---

[1] 把浸过水的米在簸箕里攒动以甩去表皮的水分，然后磨成米粉。

和事情的联系也就清晰起来,形成一个图景。"图景"这个概念很重要,"理论"在拉丁文里就是"图景"的意思,给出一个理论,就是给出一个世界的图景。我写过一篇文章叫《作为图景的理论》[1],意思就是说理论其实不是给出判断,而是给世界一个精确的图景,同时在背后透出未来可能的图景。早期的社会主义艺术也是这样,画这个图并不是机械地反映世界,而是要精确地反映世界。什么叫真正的精确?真正的精确就是你把握住它内在的未来方向。机械和精确的差别是很大的,机械就是拍照,但精确是不仅抓住现在是什么,而且抓住它将会是什么、内在的矛盾是什么。所以"图景"就有两重意思,一是现在的概括,再一个是未来可能的走向。

我的大舅舅对我也有一定影响。他在1958年或者1959年考上了大学,但不允许他上,因为我外公被划成右派,他受了影响。后来他在67、68年左右积极参与各种社会运动,之后尽管没有被打成"三种人",可也经历了很多挫折,比如不能进政府工作。像他这样的人,有一天(我那时还在上小学),他突然说,"文革"不是完全错的,

---

[1] Biao Xiang, 'Theory as vision', *Anthropological Theory*, 2016. 16(2-3): pp.213-220. 在文中,作者提出,作为图景的理论,是要有意识地,从一个特定的视角和问题意识出发思考,去揭示生活中的不同方面之间隐性的联系,使人们能够据此对未来有更多样的想象。作为图景的理论必须解释事情为什么会是现在我们看到的这样,同时也要揭示出它们之间的不同之处。

你看一些干部，到60年代已经开始坐小车、穿皮鞋，肚子越来越大，毛说，这样下去不行，那有什么办法，只好发动群众。

我印象很深，因为在此之前，我听到很多正式的官方话语说"文革"是坏的，他在受了那么多折腾、沉默很长时间以后，对"文革"说出这样一句话，对我现在想很多事情其实都蛮有触动，对"文革"不能够做这样简单的对与错的评价。以我大舅舅这个过来人的观点来看，"文革"是一个典型的悲剧。所谓悲剧，如果回到古希腊的意思，就是一个潜在崇高的东西，不但崩溃了，还形成了巨大的破坏力。其实它背后延伸出来的是一种内在矛盾——社会主义革命确实要不断发动群众，防止官僚化，不能让人民的代表老坐小车、肚子越来越大，但用什么办法去防止？这个问题还没有找到解决方法。如果这样去看，对历史就有新的理解。

吴琦：当时就听到这些政治化的人和事，对您性格的养成有什么具体的影响？

项飙：小时候能够听到这种观点是很幸运的。我的童年环境可能让我成为一个比较有乡绅气质的社会研究者。什么是乡绅气质？乡绅首先不喜欢现代知识分子。因为家里人都说知识分子是很好的职业，我从小觉得自己成为职业上的知识分子是挺自然的，但我不太喜欢启蒙式的知识分子。到 80 年代读中学，我开始读一些杂书，对"走向未来"丛书[1]就不太感兴趣，也包括《山坳上的中国》《河殇》等。《河殇》出来时我已经上高二了，完全能够看懂，当然震动比较大，认为它值得重视，但我有一种很强的距离感，不太喜欢这种有点耸人听闻、比较夸张，带有很强的断论性的东西。

第二，乡绅气质的研究者跟调查员也不太一样，尽管也有调查的色彩在里面。乡绅很重要的一点就是要把自己那个村的情况摸得很熟，能够形成一个叙述。而且这个叙述是很内在的。什么叫内在呢？就是他能够把多数人活在这个系统里面的味道讲出来，他能够说清楚这个系统是怎么靠里面的人和事叠加出来，而不是靠外在的逻辑推演，所以他用的语言也基本上是在地的语言，是行动者他们自己描述生活的语言。

我们传统的儒家文化所以能支持起那么大的国家体系，很重要的特色就在于它鼓励各个地方的内在叙述。比如我们看过去的地方志，也就是地方上的媒体和出版物，它们体现出来的对帝国的想象，跟我们今天心目中的图景很不一样。它不是说北京高于我们，我们地方是边缘、从

---

[1] "走向未来"丛书，是 1984—1988 年由金观涛和包遵信主编，四川人民出版社出版印行的一套丛书。丛书设定面向年轻一代读者，包括外文译作和原创著作。

属于帝国。它的想象是，帝国的基本原则，即儒家伦理，是内在于我们每一个人、每一个地方的，不管你在哪里。所以每个"地方"都有一套帝国，除了没有皇帝。它所想象的地方与中心的关系不是等级化的关系，有高有低，而是像月照千湖，每一个湖里都有自己的月亮，靠这样构造一个共同性。所以说内在化。乡绅去首都当官不一定是欢天喜地的事情，因为家乡是他的最重要的意义世界。考上状元、当宰相当然很好，家眷常常还留在家乡，而且一不当官，马上回乡。所以有人说，中国开始现代化的象征之一，就是官僚退休不回家乡了。城市和农村之间的循环性的关系被打断了。告老不还乡，点出了中国的中心和边缘的关系、城市和农村的关系、知识分子和普通群众（主要是农民）的关系，在现代发生了什么变化。

在地方，大部分知识分子没有到外面去当官，就成为乡绅，他们对自己所在地方的那个小宇宙有一种自洽。他们不太需要、不太渴望被外在的系统所认可，外面的人是否注意到他，他写的东西会不会广泛流传，对他来讲不太重要。重要的是把自己小世界的事情说清楚。这就意味着他对日常细节比较在意，比如吵架、结婚、丧礼、父母和孩子的关系，觉得这些是很有味道的事情。但乡绅又跟刚才讲到的现代意义上的调查员不一样，调查员是受过训练的调查员，比如人类学学者也要注意细节，但乡绅对细节的观察是要构造出一个图景，塑造出一个叙述，这个叙述要反映事实，而且要说给内部的人听，所以一方面可以说是很细致、很实证；另一方面又很注意总体的结构，这是很多现代调查员特别是统计方面的调查员不会注意的。

再一个，乡绅会做伦理判断，在观察社会的时候要判断某个现象是好还是不好。调查员不搞这个，调查员要搞价值中立，只看事实，而事实对社会的意义不是他考虑的重点。但是乡绅和道德家也不一样，乡绅的伦理判断不能完全按照书上写的标准来。他的伦理判断要和老百姓的实践理性对得上。儒家乡绅的伦理判断，很重要的考虑是和谐。不只是你一个人做得对不对，而且要看你做的事情和其他人是不是和谐。所以整体观就很重要，要看世界是怎么搭在一起的，其中政治经济关系非常重要，你看那些老人，对乡村、家户的账算得很清楚，人们赚多少钱，赋税是多少，彩礼多少为合适，都讲得清楚。但很多东西是靠意义搭在一起的，什么样的人、什么样的事值得尊重，什么东西见不得人，要靠意义把它们粘合在一起。乡绅是很实证的，因为他必须讲老百姓的日常生活，但是他又特别注意意义的问题，他的思考又有很强的伦理取向。

我不是说我就在做这样的工作，但我的趣味和取向——觉得什么现象有趣，什么样的理论解释有趣——是比较乡绅化的。

童年图景

吴琦：您一提到乡绅，一个最直接的联想便是费孝通[1]，可不可以说这也延续了他的学术传统？

项飙：我没有想到要去继承、建构一个学术传统，我在搞研究中基本没有学术传统的概念。虽然我们在北大也

---

[1] 费孝通（1910—2005），江苏吴江（今苏州市吴江区）人。费孝通的学术研究开始于在清华大学硕士期间，在俄国人类学家史禄国（Sergei Mikhailovich Shirokogorov）的指导下从事体质人类学研究，当时的主要方法是人骨测量和实地人体测量。1936年在吴文藻的推荐下，费孝通抵英，师从布·马林诺夫斯基（Bronislaw Malinowski），根据其在家乡吴江的调查完成博士论文《江村经济》。马林诺夫斯基开创了在异文化社区做长期实地调查的方法，摆脱了通过史料和传说来构建对其他文化的想象的研究范式，因此被认为是世界现代人类学的鼻祖。马林诺斯基认为《江村经济》叙述了高度复杂的、有文字有历史的社会的生活，跟当时大部分记录无文字社会的人类学研究不一样，因而是"人类学实地调查和理论工作发展中的一个里程碑"。1938年费孝通回国，任教于云南大学，成立社会学研究室，组织了许烺光、瞿同祖、林耀华、张之毅、田汝康等学者开展中国西南地区农村经济、乡镇行政及工区、工厂、劳工等的调查，引入小组讨论会（seminar）的方式，开创了中国社会学和人类学的所谓"魁阁时代"（社会学研究室一度因为日军侵略而搬至呈贡县城魁星阁）。费孝通同时撰写了大量的学术文章和专著，其中《乡土中国》《皇权和绅权》（与吴晗合著）影响尤大。1944年费孝通参加中国民主同盟，积极参与社会和政治运动。1952年，任中央民族学院副院长，组织并参与了民族识别和少数民族社会历史调查。1957年被划为"右派"，中断社会调查研究工作。1979年，任中国社会学会会长，1982年任当时尚在筹建的北京大学社会学系教授。在此后他积极推进重建中国社会学，利用他的国际声望邀请国际学者来华讲座、办班、合作课题。北大社会学系在他的影响下也特别强调实地调查、定性分析的传统。费孝通在1984年发表《小城镇大问题》一文后，开启了乡镇企业研究。1986年的《小商品，大市场》一文使"温州模式"成为中国和世界学界讨论农村工业化的重要范畴。此后费孝通又把视野扩展到中华民族的历史构成上，提出了"中华民族多元一体"，特别是既有坚实实证基础又有重要理论想象力的"民族走廊"概念。在晚年，他基于对自己一生学术工作的总结，提出"文化自觉"等命题。费孝通从1987年起历任中国民主同盟主席、名誉主席，并任中国人民政治协商会议第六届全国委员会副主席，第七、八届全国人民代表大会常务委员会副委员长。

北京访谈

讲传统，但不是太认真的，我是到英国之后才发现他们对传统这个事情那么认真。对我个人来讲，我从来没有想过怎么通过传统给一个知识分子界定位置。但我觉得费孝通是一个很有趣的学者。他的乡绅气质，我很能理解。他对社会的把握也是从内到外画一个图景，不做外在的判断，而且他画出的图景对在里面的人是有意义的，有一定的伦理把握。

比如"差序格局"[1]这个概念，大家都引用，经常把它当作一个描述工具来用。我觉得这个概念本身没有什么意思，因为"差序格局"是用实证的语言对中国古典伦理哲学的翻译而已。而且它的普适性也有问题——"差序格局"究竟从什么时候起成为中国社会的一个普遍现象？它不可能是从来如此的，必然是在一定的土地关系、农业耕作、经济发展、政治发展之后才形成。历史上经过怎样的变化？有没有区域上的不一致？这些都不清楚，所以差序格局成了一个理想类型。因为是理想类型，大家就可以拿

---

[1] 费孝通1947年出版了《乡土中国》一书，提出了"差序格局"和"团体格局"的概念。关于差序格局和团体格局的区别，他打了个比方：西方社会以个人为本位，人与人之间的关系，好像是一捆柴，几根成一把，几把成一扎，几扎成一捆，条理清楚，成团体状态；中国乡土社会以宗法群体为本位，人与人之间的关系，是以亲属关系为主轴的网络关系，是一种差序格局。在差序格局下，每个人都以自己为中心结成网络。这就像把一块石头扔到湖水里，以这个石头（个人）为中心点，在四周形成一圈一圈的波纹，波纹的远近可以标示社会关系的亲疏。

它往不同的实证材料上套。

我的理解是这样的，费孝通提出"差序格局"其实是要回应一个当时很大的政治争论，就是政党政治对中国是否合适。费和梁漱溟一样，一直认为政党政治对中国来说不合适。

他认为政党政治需要一定的文化基础，所谓的群体格局或者团体格局，就是同质性的人基于共同的政治理念走到一起，形成团体，形成意识形态，团体内部每个人的社会关系是等距的，然后通过民主选举产生政党领袖。费认为中国人不可能形成现代意义的政党，他讲"差序格局"其实是对民主体制的一种回应，如果从这个角度来看，差序格局就有很强的内在意味。这样，这个概念的实证精确性倒不太重要了。但现在大家完全不管这个，把它当成中国人社会关系的一个机械的标准来引用。费孝通是一个有抱负的人，他要讲整个中国的事情，所以他的观察是在回应一定的政治问题、伦理问题，提出实证性的图景，这个跟专业化、技术化的学术研究是有距离的。我们要激发他的理论的生命力，一定要回到他所在的背景，看到他要处理的问题。

我的乡绅取向可能和我外公那种破落贵族、自洽的距离感有一点关系。所以我对知识分子一直有一种怀疑心。距离感、怀疑心可能还是蛮重要的，否则去大学就很容易被卷入别人的话语里去。

吴琦：这种怀疑从小就埋下了种子，经过了大学教育和后来一整套完整的学术训练，到今天没有被减弱吗？

项飙：我觉得现在反而更强，但中间有一段时间，特别是博士毕业之后，觉得这种距离感是由于自己能力不够所造成的，是因为看不懂，没有能力进入，是一种不足，所以要追赶，造成很大的压力，挣扎了很长时间。现在看起来，我自己比较舒心、东西做得比较好的时候，是靠这种距离感做出来的。

80 年代

吴琦：到了高中时期，时间主要花在哪儿？读什么样的书？

项飙：高中对我还是比较重要的，我要感谢我的母校温州中学。我到了北大之后才知道，全国很多地方中学是从早上七八点一直上到晚上六七点，还有晚自习，而在我们温州中学，下午三四点就结束了，从来没有在课表之后还要坐在那里晚自习。下课以后，同学就去看电影、买东西，我们时间上很自由，考学压力不是特别大。可能那时候中学老师的待遇不和升学指标挂钩，所以老师也就正常上课，不会特别加码。当时有各种各样的兴趣小组，比如文学社、戏剧社、计算机小组、生物小组……这个其实是温州中学的传统。搞艺术节的时候，我是个活跃分子。

高中时刚好也是"文化热"的后期。对我影响比较大的是上海作协办的《文汇月刊》[1]。我记得特别清楚，那个编辑部是在上海圆明园路149号。我每期都认真看，特别爱看长篇报告文学。对中国文学、中国革命来说，报告文学非常重要。报告文学有几个重要特色，一当然是底层，二是它的直接性，第三就是它的厚度。从夏衍的《包身工》[2]开始，到《丐帮漂流记》[3]……

我今年春节时回家发现了一些中学时的笔记，看到做了很多批注，还是挺惊讶的。

---

[1] 《文汇月刊》，创刊于1980年，是文艺性综合杂志。甫经出世，引起全国读者极大关注。杂志是由梅朵创办并主编的，1990年7月，《文汇月刊》被强令停刊。从问世到夭折，历时十载。

[2] 《包身工》，作家夏衍（1900—1995）1935年撰写的报告文学作品，被视为中国报告文学的开山之作。作者叙述了上海等地包身工遭受的种种非人待遇，以及带工老板等人对他们的压榨。

[3] 贾鲁生、高建国：《丐帮漂流记》，山东文艺出版社，1988年。作者对四个城市的四百多名乞丐进行调查，并化装成乞丐混入丐帮长达数月之久，与他们同吃同住，从中了解了许多孩子流入丐帮的原因及其内部森严的等级，为人们了解丐帮提供了大量宝贵信息。

还有一份刊物我老看，叫《名作欣赏》[1]，属于文艺评论，很厚，写得也很拽，思辨性很强。我觉得蛮好玩，但对现在有多大影响也说不上来。又读了一点"思想启蒙"的东西，接触到一些青年马克思主义关于"异化"的讨论，不是用政治经济学而是用"人的解放"这样的角度去讲社会发展，读得挺来劲。

80年代大事包括1986年的教师节，教育局给我爸工作的学校一个买彩电的配额，大家抓阄，结果被我爸爸抓到了。彩电在当时有钱都买不着。那时父母没有那么多钱，考虑是不是不要了。有亲戚说，把配额给别人也就是把好运气给别人了。这样就借钱买了彩电。所以人们在自我劝说的时候，会用一些非常抽象的概念和原则，像好运不能出让。1984年，我们家有了电风扇，这是我们家第二个电器。第一个电器是灯泡，在我出生的时候好像就有了。

吴琦：这些时间节点为什么记得这么清楚？

项飙：这是很大的事情。当你回家，电风扇坐在桌子上，那个风吹过来，还能摇头，在夏天带来的那种愉快感是革命性的。

吴琦：80年代，是不是也是您个人的启蒙期？

---

[1]《名作欣赏》期刊创办于1980年，发表对中外文学名作的理论性分析文章。

80 年代

项飙：从 16 岁到 18 岁，这个阶段非常重要。开始阅读，也开始做一些评论性的演讲。我第一次搞社会调查也是在 80 年代，在读高中。这也得感谢我的母校。

高一的政治课老师带我们去乐清县做调研——现在是乐清市柳市镇[1]，中国电器生产的基地之一，也是我妈妈的祖籍地。去厂里听厂长做报告，同学都在闹，厂长很恼怒，用方言说"你们这么吵，我无处讲"。就我很认真地听，对厂长很同情。我们住在一个招待所里，我看前台服务员老在搭电路板，我问她哪里来的电路板，她说从亲戚办的私营企业里发包出来。我又问你搭一个多少钱，知道她搭电路板的收入比她在招待所当服务员还要高，但问题是不稳定。问清楚来龙去脉，然后搭出一个图景，后来我就写了这个事，说私营企业会通过家族关系把经济机会发散到整个村。当时社会上有一个争论，问私有经济会不会带来两极分化[2]。我就根据我看到的这个例子做了一个非常臆测性的结论，说不会有两极分化，因为赚钱的机会会分散到亲戚那里去，会带来地域性的共同富裕。我对

---

[1] 柳市镇隶属于浙江省乐清市。乐清（县级市）位于浙江东南沿海，隔瓯江与温州市区相望，西面是永嘉县，东北部与台州市相邻，由温州市代管。

[2] 两极分化原指在私有制商品经济条件下，不断从小商品生产者中产生少数脱离劳动的资本家和大量出卖劳动力的雇佣劳动者这样两个极端的趋势。两极分化是就贫富"两极"而言的，是指贫富两极的一种变化趋势。贫与富是矛盾与对立的两极，是收入差距的一般表现形态。

这个报告很骄傲。其实当时的那个观察对我后来做"浙江村"的研究也有影响。它让我看到，一个小型企业，与其说它是一个组织，还不如说它是一个网络。或者说，企业首先是一个亲属组织、社会组织，其次才是一个经济组织。

我一直不太被 80 年代的人文启蒙所吸引，后来越来越不喜欢，可能跟风格有关系。我记得非常清楚，张家声是《河殇》的旁白配音演员，整个声音和腔调我相当不喜欢，还有钱钢的报告文学《唐山大地震》[1]的后半部分，在广播电台朗诵，一听也不喜欢。好像是一种宗教语言，祈祷人类共同的什么东西。我觉得我应该是正常人，大部分人都不会喜欢这种口气。一些特别好的学生，在一种比较特殊的学校气氛甚至是一种迷幻的状况下，接受了那种口气。我得感谢我的母校温州中学，当时在中学里就是宽松务实的状态。我还在读中学的时候，妈妈是初中老师，在另外一所中学教数学。她有一天回来对我说，她有一个学生上了高中、考上大学，家长请大家吃酒。结果有人当着学生的面就说，现在去上大学有什么用，那个学生就有点

---

1 钱钢（1953—），报告文学作家、记者。1981 年至 1984 年间，他与江永红合写的《蓝军司令》《奔涌的潮头》，先后获得第二届和第三届全国优秀报告文学奖。1986 年《唐山大地震》再次获得全国优秀报告文学奖（1986 年刊于《解放军文艺》杂志，1986 年 4 月解放军文艺出版社出版）。

尴尬、不高兴，才十七八岁，在酒席上不知道怎么弄。温州确实是一个超级务实的地方，觉得文艺腔很奇怪。

吴琦：看来温州中学是一个很特殊的存在，是因为这个地方一直有这样的传统，还是刚好赶上改革开放前后那段时间，才发展出不一样的生态？

项飙：温州中学是一所比较老的学校，一位乡绅办的，叫孙诒让[1]，搞甲骨文研究。温州中学当年的老师有朱自清、郑振铎。民国战乱时，北京是战乱之地，上海是十里洋场，有钱人的地方，很多文人散落在江浙这一边。原来中学是地方上的最高学府，扎根性非常强，现在中学主要是为了向北京、上海培养输送大学生，地方大学也是眼睛看着外面，跟当时乡绅文化之下的中学意义完全不一样。早期中学在革命里也都扮演了重要的角色。我不知道这里有什么历史延续性，就觉得温州中学是重点中学，老师们都比较老，好像是从外地调过来的，经历过"文革"，对教学比较认真，没有一定要多少学生上一本这样的任务的概念，高考成绩都还可以，没有必要跟别的城市竞争，就是这样一种自然状态。

1　孙诒让（1848—1908），字仲容，号籀庼，浙江温州瑞安人，清代语言学家，近代新教育的开创者之一。其所著《契文举例》是第一部研究甲骨文的著作。孙诒让与俞樾、黄以周合称"清末三先生"，有"晚清经学后殿""朴学大师"之誉，章太炎赞誉他"三百年绝等双"。

为什么文艺腔会成为文化界的主流，跟真实生活有那么大的差距，可能就是因为学校成了一个很怪、非有机性的机构。这里面有一个值得商榷的问题就是对整个80年代的评价。80年代大家的调子那么高，这种情怀的影响可能还是蛮重要。我们说中国要有自己的社会思想，自己的话语，一般这是从哪里来？看美国社会科学大发展，1968年非常重要，从那时开始有新的理论，来理解社会矛盾。在法国就更不用说，这一场运动改变了一切的虚假革命，调子也很高，但都跟生活有关系，产生了一大批理论家。他们之所以形成思想，不是靠社会科学家自己，而是社会科学家跟哲学家、跟文艺创作者联系在一起。很多企业、搞技术的人跟他们气味相投，把这些东西弥散出去，形成这么一个生态系统。

我就在想，80年代肯定要产生一大批厉害的人，他们有了一切应该成为思想者的资源。他们年轻的时候接受了连贯的教育，上了北大，在历史的风口浪尖，亲历了那么多事情，这些事情背后都有复杂的文化、历史因素，他们的想法也有自相矛盾的地方——但在那个时候不可能有理性的思考，是被激情所推动，所以矛盾也是真诚的。后来有一些人，到了美国、法国，有优厚的奖学金，又见到了西方的情况。但据我所知，这批人里还没有谁提出有意思的想法。这个当然不是他们的责任，他们是用青春用生命在换理想。但这给我们一个反思的题目，为什么这批人没有产生大的思想？从我的角度来讲，如果调子太高就很容易极端化。这个我受汪晖[1]老师的影响比较大，他也说为什么90年代新自由主义改革能够那么顺利地进行，因为80年代没有给我们留下可以反思的资源[2]。大家都觉得1992年的讲话很好，"东方风来满眼春"，好像一个转身，一放开一自由，就能解决所有的问题，但对贫富差距、对公平等具体问题，认识很不充分。知识分子对当时的民间疾苦、对内部的社会矛盾、对这些具体问题没有认真去看，从下往上看。

吴琦：您提到社会运动之后各国不同的情况也很有意思，对各个社会来讲，即便不是彻底的革命，也分别带来了转折性的变化，我们谈知识群体在社会运动之前、之中的角色比较多，也觉得那更重要，而比较少谈他们在一场

---

1 汪晖，1959年生于江苏省扬州市。1976年毕业于鲁迅中学，后做了两年工人。1978年录取为扬州师范学院中文系1977级本科生。1981年本科毕业，1982—1984年为扬州师范学院中文系现代文学专业研究生。1985年获南京大学硕士学位。1985年考取中国社会科学院研究生院文学系博士生，导师是唐弢。1988年获博士学位。1988—2002年先后任中国社会科学院文学研究所助理研究员、副研究员、研究员，中国社会科学院研究生院教授。1991年底，汪晖同陈平原、王守常一同创办了《学人》丛刊。1996—2007年任《读书》杂志主编，2002年受聘为清华大学人文学院教授。

2 可参看汪晖《当代中国的思想状况与现代性问题》一文，最早刊载于1994年韩国知识界的重要刊物《创作与批评》（总86期）。《天涯》杂志1997年第5期发表了这篇文章的中文版，随即在国内外产生了广泛的影响。

大的社会运动之后如何工作,能不能更具体地比较一下,美国、法国或者其他国家和中国的情况?

项飙:美国当时的问题很真实,整个运动有直接的针对性,民众反对出兵,不要打仗,然后大家开始反思整个国家的性质。这不仅是知识分子的工作,群众性很强。法国是比较虚无的,就是信自由,但这对年轻人来讲非常有效,艺术、音乐在那以后都继承下来了。后来福柯也说,1968年不是反政府,而是在反一种思想方式。这背后有真实的感受,他们觉得那种强大的官僚、市场体系、按部就班的人生轨迹很无趣。理论也要跟这个现实联系起来看,萨特的存在主义、福柯的权力理论[1]就跟当时那样的心态非常接近。

中国知识分子的经验也很清楚。因为经过20世纪六七十年代,大家觉得要有自由,人性受到扭曲,要去接受人类普世价值,但知识分子的人生经验跟基层群体的差别还是相当大。这里可能有一个扭曲,把普通老百姓对当时官僚腐败、通货膨胀的反感,理解成对社会主义体制本

---

[1] 存在主义(existentialism),是一个哲学的非理性主义思潮,它认为人存在的意义是无法经由理性思考而得到答案的,强调个人、独立自主和主观经验。存在主义一般认为源自克尔凯郭尔,首位著名的存在主义哲学家采用此词自称的是萨特(Jean-Paul Sartre, 1905—1980)。作为20世纪法国最负盛名的思想家之一,米歇尔·福柯(Michel Foucault,1926—1984)最主要的研究题目是权力和它与知识的关系(知识的社会学),以及这个关系在不同的历史环境中的表现。

身的反感。老百姓当然说物价要稳定，不要搞腐败，但不是要讲个人自由。

和我们比较贴近的应该是七八十年代匈牙利、波兰、罗马尼亚、南斯拉夫的学者，我也希望有机会再去学习一下。南斯拉夫变成这样，是一个悲剧，西方有很大的责任。现在的叙述说南斯拉夫解体是必然的，因为他们本来就是不一样的民族，靠苏联把他们捏合在一起。那就要问，不同的民族生活在一起，成为当时世界上福利水平最高、生活水平最高的国家之一，文化艺术都很好，这不是我们应该追求的目标吗？大家能够放下自己所谓文化、民族上的不同，有共同的生活，不是一个最美好的实验吗？

西方学者一个值得尊重的地方在于，他们自我反思能力非常强，对西方最强烈的批判是来自他们自己，我们也是靠西方文献才知道南斯拉夫当时瓦解的具体情况。美国政府和德国的银行起了很大的作用，鼓励一些人先分出来，而南斯拉夫的军事力量不强，经济上也出现很多问题，通货膨胀严重，跟现在委内瑞拉一样，外面已经虎视眈眈，里面有一点小错误，敌对势力就会利用这个错误把你肢解。原南斯拉夫地区现在的情况，我没有一手观察，但看西方媒体，情况不好。我知道还有几个东欧前社会主义国家现在是全世界很少实行所谓单一收入税的国家，就是挣两百美元和两万美元，每个月交一样的税，而全世界绝大部分都是累进税制。那最极端的新自由主义，西方都不敢这么做。

北大青年的焦虑

吴琦：过去的生活经验，有时只是偶然地影响了我们，也许很难一一对应。而到了大学，应该进入了一个更有秩序、更清晰的时期。您前面提到距离感、怀疑心，在北大上学时，还继续保持着？表现在哪些方面？和周围的同学会有点格格不入吗？

项飙：在北大，我的性格让我处事比较小心，所以在日常的交往里不会格格不入，但距离感是有的。所谓比较自洽的距离感，应该是自己也感觉不到有距离感。但我为什么会知道自己有距离感呢？是因为有一次班主任跟我谈话，讲了很多班里的事情，团委、学生会的选举等等，我完全不知道是怎么回事，因为我不参与。他说他观察出来，我好像有一个自己的小世界。其实在北大里面，学生十八九岁，都是各地来的很优秀的同学，要追求认可和认同，特别是比较官方的认可，这是相当普遍的心态，但我记得我不理解他们为什么觉得这个东西很重要。当然也有不少所谓的"逍遥派"，但我又不是"逍遥派"，因为在学习方面我也很努力，也办活动、办社团，也讲话，比较爱出风头。大家看起来，我又是很上进、很有目标的一个人，跟完全自得其乐的人又很不一样。

北大1990年的新生去石家庄军训一年，这个是很重要的经历。开始自己不知道，后来跟高年级同学交往的时候才发现，对我们的影响非常大。对我个人来讲有两个影响，一是我观察到的，在一个等级制度非常严格的体系下，人格的扭曲。十八九岁的孩子本来应该找伙伴，有各种天真的想法，但在那种情况下，大家都在算计如何保护自己，如何取悦你的班长、副班长或者炊事员。其实能拿到的利益非常小，如果不取悦，也不一定有什么风险。这个是超越理性的理性计算。横向的战友关系当然也存在，毕竟大家都是同学，回到北大以后，大家变成很好的朋友。但总的感觉是纵向的关系在主导，心理上的压抑非常明显。

后来我在英国碰见各种人，包括一些退伍老兵，发现在英国的殖民历史上，军队、教育和社会地位的流动的关系其实非常紧密，在中国也是一样。有观点认为，在20世纪，战争和军队是做了一些好事的，彻底打乱了社会等级。如果没有战争，日本和英国可能都不会有重工业。人们说，日本在战争废墟上建起了现代化，是一个奇迹，但也可以倒过来想，因为有了战争，全民教育上去了。我们知道，在战争期间，地主要捐地，地主儿子要参军，战后一片废墟，更是人人平等了，战后回来的士兵都要妥善安排，不管原来什么出身。这样就发展了全民教育、全民福利。我去我爱人在尾道市[1]的祖屋看，我说这房子的地段真好，一边是小学，一边是中学。原来，这两个占地庞大的学校都是他们家的地，她祖父有肺病，不能参军，就把家里的地全捐了，留一点给自己住。这样大家参与进来，才有了现代化，所以它和明治时代军国主义的现代化不一样，它是一个比较民主的现代化。

英国也是这样，如果没有战争把贵族的势力打破，1948年的国民医疗服务体系（NHS）[2]也通不过，更不会有像1968年那样带有社会主义倾向的社会。当然这不是美化战争，是说如果旧结构不打破，新结构出不来。这个过程又受军队的影响，所以体育运动在英国的教育里非常重要，在美国就更重要了。我认识的英国人告诉我，以军队

---

[1] 日本西南部广岛县下的一个靠海城市。

[2] 英国国民医疗服务体系（National Health Service，简称 NHS）经过1946年、1947年和1948年的多项立法工作，最终由当时的工党政府在1948年设立，为英国全体国民提供免费医疗服务。经历半个多世纪的发展与完善，已经成为英国福利制度中的一项特色工程。

为榜样的学校运动训练，最重要的内容是怎样看护你的队友。他们说，去战场五六个人一个小分队，你们的生和死必须联在一起，必须互相掩护才能活下来，所以要互相协调，在感情上塑造出共生死的愿望，这样出去打仗，大家活着的几率才会高，每天就训练这个。比如美式橄榄球，很重要的一个方面也是训练这个。特别是在贵族的传统下，这个就更重要，他们认为这是精英的重要气质，能够懂得互相照顾，形成团队精神。

这个很有意思，因为跟我个人的经历完全不一样。这里就牵扯到一个重要的政治议题，就是军队的性质和功能可能会很不一样。我们去军校的时候，军队已经不打仗了，主要功能是驯化，失去了原来军队的优良传统，变成了一个非常机械化的东西，只讲服从的重要性。其实服从的重要性是辩证的，在打仗的时候当然要服从，但如果这个服从没有协调，没有把斗争精神内化到小团队里，那么到了战场上，情况千变万化，绝对的服从打不了胜仗。所以第一，在军校我观察到那种等级的可怕，等我回北大之后，不太热衷于受到某一个体系的认可。再一个，整个军训给我们这一批同学都造成了一种很强的功利计算的取向，也不能说是功利心，但大家时间都抓得特别紧。我们的老师都很惊讶，说你们军训回来的人，一大早就去图书馆占位置，不愿意浪费时间，做"逍遥派"的人比以前少很多。这种所谓的理性和功利其实都跟等级很有关系。

为什么苏东解体之后,东欧社会变得那么功利主义,大家都围着钱转?它的市场经济就跟老牌的市场经济不一样。比方说德国,最老牌的资本主义国家之一,长期实行"社会市场经济"的模式,强调竞争,强调个人企业家精神,同时非常强调国家对市场秩序的调配、福利制度,又有很深的基督教传统在里面——人是怎么回事,在市场上怎么对待人,失败以后怎么办,什么样的成功应该引以为荣、什么样的成功要引以为耻。苏东解体之后,它就成了赤裸裸的资本主义,只有成功和失败的区别,没有可耻的成功和可荣的成功之间的区别,完全根据最后现金的获得量来衡量,哪怕是用可耻的方法获得了成功,也可以很自豪,甚至比正常的方法更值得骄傲,说明你聪明、大胆。在匈牙利、罗马尼亚,右翼出来,就是对原来这一波功利的市场经济、工具主义的反弹。很重要的原因是,在原来的集权体制、极端的等级制度下面,人们没办法问一些跟自己生命经验有关的大的终极性的问题,一切资源都是从上到下分配。军训时我就知道,跟排长、连长套关系,决定了下一周基本的物质福利。即使不决定物质福利,也决定了心理上的安全感,这是荣耀和尊严的来源。所以心思都花在如何讨好他上面,人就变得非常紧张。等级制度确实打破了比较天然的自我认知。这跟中国的早期改革还不一样。中国早期改革从农村开始，公社制度还扮演了一个正面的角色。乡镇企业里有集体的感觉，大家都想赚钱，但没有变得那么严重。但是城市改革之后，社会矛盾就多了起来，原来单位制下面的那种功利，就和东欧比较像了。

这方面对我十七八岁的情愫还是有影响。就像你讲的，很多东西不经意地、偶然地发生，但那种偶然经过一年的深化之后，到后面就很难摆脱。即使你想摆脱也不能，能摆脱的人要经过剧烈的挣扎。

确实，不放松是我的一个问题，在我的研究里这是一个很大的障碍。因为不放松，一根筋地往下想，思想的发散性就不太强，创造性就会受到抑制。我调查时也有这个问题，我不太放松，不太能够调笑戏谑，比较欠缺跟大家打成一片的能力，也是我自己不太满意的地方。这个当然跟我小时候的成长有关系，我老跟我外公在一起，不太跟同龄人玩。我外公不让我跟同龄人玩，因为同龄人都是拉板车的子弟。我记得邻居如果给我东西吃，他表面上会很客气地接受，转身就让我不要吃，觉得不卫生。他也是有两面性的，对外非常客气，内心又可能有一种鄙视，其实对我也有影响，一方面把我变得比较理智，另外一方面使我不太放松。我那天也跟我妈妈讲这个事，我要去别人家玩，外公第一句话就是不要去，他说你去别人家，可能会给别人造成麻烦，别人很客气地招待你，也许心里并不想让你来。这种怀疑心其实给我造成很大的阴影，到现在为止还是这样。这跟我爱人的性格完全不一样，我爱人的性格是，她觉得别人见我这么高兴，他们也会很高兴，所以她想做什么事情，第一个想法就是去做，而我第一个想法是先想反面。

吴琦：那时有没有试图去克服这种性格？

项飙：大学期间没有意识到。是在调查中意识到的，在学术研究中意识到个人性格问题。

吴琦：一般在大学里，大家都忙着选择，到底自己要成为哪一种人，并没有一条现成的唯一的道路。尤其是进入北大之后，我的感受是，迷茫可能加倍，因为身边的同学五花八门，有的是学霸、书呆子，有的是游戏发烧友，有的是文艺爱好者，有的专门搞学生会或者社团活动。但在您的回忆中，好像自己想做的事，比如成为一个知识分子，是非常自然的，不需要选择似的。这可能和您的父母就是老师有关系？还是说当时的大学生氛围普遍有这个特点？

项飙：我可能是比较自然的那种，就做自己想做的事。军训之后进入北大，有一个总的环境，我们当时基本上不用考虑就业，至少在一二年级的时候，家长也不太提这个事。当然我父母也不太理解我的专业选择，因为我没有高考，是保送的，可以自己选择专业。第一选择是想选政治学，父母说绝对不可以，除了政治其他都好。他们推荐第一经济、第二法律，他们觉得我口才比较好，因为我在中学比较爱讲。我说这两个专业太没劲了，都是已经设定好的东西，拿去套一下，这个当然是很粗浅的理解。我当时读的有趣的东西都跟政治有关，就跟我的中学同学商量，同学说，搞政治的人都很肮脏，你可以吗？最后就选了社会学。当时肯定听说过费孝通这个名字，但并不了解他的研究。进了北大以后，我对其他人做什么事不是特别注意，因为我知道自己想干什么。

吴琦：那当时您主要焦虑的是什么？

项飙：我对北大社会学系开的课非常不满意。上了一年级的课以后，我就给我妈妈写信，我说这个课怎么讲得跟我们的实际情况没有关系。我们有个刚开的课叫"社会工作"，讲的都是从香港来的概念，我觉得很枯燥。我妈妈回了一封信，我的印象比较深，她说他们年轻的时候什么都学苏联，现在什么都学西方，这是一个问题。我看了以后，就给了我一个理论框架来批判当时的课程设置。

我花了一个周末、两个晚上，开着台灯（我比较有经济头脑，第一年去北京的时候从家里拿了600块钱，从那之后再也没从家里拿钱，就靠写稿、做各种事情来挣钱，所以我经济条件比较好，自己买了台灯），写了一封很长的信《关于课程设置的若干建议》，给我们系主任王思斌老师。我说我给您一个建议，不是说系里应该根据这个方案来改革，只是通过我的建议来形成一个参照物，以此映射出现的问题。王老师非常兴奋，在系里开会的时候，说这个学生给我写了一万多字的信，把信给其他老师看，老师们都很来劲，说我们的学生有这样的思考。这也给我很大的鼓励。如果当时受到打击，以后可能就会发怵。那是我第一次把真实的不快写出来，那种精神现在少了，也蛮可惜。

吴琦：信里主要是对老师们讲课哪方面不满意？

项飙：北大老师当然都很优秀，我们进入大学时，已经出现了第一批受过完整教育的老师留下来任教，他们教大一。知青一代那些老师比如王汉生、孙立平主要以指导研究生为主，基本上和我们没有接触。[1] 而教本科的就是学院派的老师，对社会没有理解，我感觉他们对这个社会在今天发生什么也没有兴趣。

还有一个让人惊讶的事情。我下去调查的时候，一般先找地方院校的老师聊他们当地的情况，他们也发表过文章，但一聊就会发现，他们除了重复新闻报道的话语之

---

[1] 关于知青出身的学者对项飙个人的影响，特别是对中国社会科学研究及中国社会的影响的分析，可参看项飙：《中国社会科学"知青时代"的终结》，见《文化纵横》2015年第6期，第70—79页。

外，对当地究竟发生了什么事情说不清楚。我就很奇怪，你整天生活在这里，怎么会不知道呢？他们对这些事情不感兴趣。不感兴趣，又写这方面的文章，就很空洞，里面没有什么实在的观察。到现在我发现，在中国要找对地方情况熟悉的、有兴趣的老师，主要还是在北京和上海一些比较大、比较好、比较老的学校里。大部分地方院校的老师其实对自己身边的生活兴趣很小，看一下学术期刊上写什么文章，就往上套，主要目的是进入那个话语体系，而不是观察身边的世界。十多年前，那时候我已经工作了，回国调查发现这个现象很震惊，他们也承认这是巨大的问题，但还是没有兴趣，可见这种分裂有多么严重。在这种情况下造出来的学术话语完全没有意义。

我们当时北大的老师也有这种情况，我认为他们讲的东西是无机的，就是教科书里的东西。我跟高年级的同学谈，怎么办，他说先找软柿子捏，意思是说有的老师比较凶，就先罢那些不凶的老师的课，我们就这么做了。有一位老师年纪比较大，基本上开不出课，每次到场只有两三个同学，面对同学，他也不是很自信，同学不来，估计他心里不高兴，但也没办法。后来我就干脆不上课了。这也得感谢北大，我们那时候没有点名也没有考试，很多课最后都是写文章。大二以后，我比较重视数学和英语，觉得这是比较实在的东西，也去学经济学的课，剩下的时间就是做"浙江村"调查，以及搞社团。

你看，我们这种人来谈青年，很容易就谈自己对青年时代的那种留恋和乡愁，其实这不太健康。青年很重要，不在于我们去回想自己的青年时光，而是用今天青年的眼光去拷问我们，让他们来"审判"我们，这样才能有更真的东西，我们才有机会反思自己。像《芳华》这种电影，我觉得意思不大。这样回想青年，就把丰富的青年理想化、浪漫化，成了一种非常纯洁的东西，好像现在我们不纯洁了。不能只用纯洁不纯洁来判断。

吴琦：当时还可以罢课，说明整体环境还是比较宽松。

项飙：那时候环境比较松，还有一个很重要的背景。我们上大学是1990年，第一年是在石家庄陆军学院，1991年进校的时候，整个政治氛围还非常暧昧，不明朗。大一唯一的讲座是英语四级教科书的编者讲英语阅读，在大讲堂——后来改成百年讲堂了——冰冷冰冷，我们都穿军大衣去听。当时万马齐喑，大家都很功利地在学习，第一年很不愉快。

进入1992年，我也记得很清楚，那天早上，我从28楼（宿舍楼）出来，早上7点钟，大喇叭在全校响——我们都是踏着中央人民广播电台"新闻联播"的播送去食堂

北大青年的焦虑

打饭吃早饭——电台女中音在朗诵《东方风来满眼春》[1]，就是《深圳特区报》对邓小平南方讲话的报道。当时上面的安排是不报道，《深圳特区报》报道之后，风向变了，开始宣传《深圳特区报》的文章。我印象特别深，因为"东方风来满眼春"我以前没听说过。一夜之间，气氛就不一样了。

有意思的是，讲座就开始多了，很多都是关于营销策划的。这种学生下海赚钱的事其实在1991年就有了，但在1992年一下子爆发出来，市场经济被认为是正统。各种文化现象也重新出来，比如新一轮"国学热"。那时候我们也没有什么争论，大家谈各种各样的事，比如关于斯堪的纳维亚模式[2]的讨论。我很活跃，作为社会学社社长，请大家来办讲座，都蛮兴奋。空间肯定是有，老师也不太管。学校也开始赚钱。我们的党委书记开始建北大资源楼，以及整个北大资源集团。"资源"这个概念是我从北大学到的最早的几个概念之一。资源是什么意思呢？就是

---

1 《深圳特区报》时任副总编辑陈锡添从1992年1月19日到23日，全程跟随了邓小平在深圳五天的活动，于当年3月26日在《深圳特区报》一版头条位置发表了新闻通讯《东方风来满眼春》，记录了邓小平视察期间的谈话。

2 斯堪的纳维亚模式，又称北欧模式，是指北欧国家（丹麦、冰岛、挪威、瑞典以及芬兰）共有的高福利经济政策和社会政策。对北欧福利社会的讨论，一定意义上是对80年代关于匈牙利道路、波兰道路的讨论的延续，核心问题是社会主义和资本主义有没有可能殊途同归，甚至糅合。

051

在私有化市场经济之后，原来我们生存所需要的物质，现在转化成了潜在的资源，是可以升值的。你一定要占据，要有明确的产权。北大本来是一所学校，每天的日常生活就这么被编织起来，现在突然发现里面有资源，就办班、盖楼。从我们那个时候开始了一个很大的转变——大学资源化。"资源"作为概念，我觉得蛮有意思，早先我一点都不批判，当时我们都觉得这好像是一件好事。理论上对我也蛮有启发，因为我也看日常生活中人们怎么运作资源。温州人从小就想着资源运作，对这方面比较敏感。

吴琦：您父亲保存了好多您上学以来发表过文章的剪报，当时没有互联网，所以多数文章我们现在都看不到了，大学时都发表过一些怎样的文章？

项飙：我在北大发表的第一篇文章叫作《第三位先生》。刚进学校，我们社会学系的一个高年级同学在编报纸，约新生来写，我比较爱抛头露面，就写了一篇。大家都说北大的五四精神是"赛先生"（Science）科学和"德先生"（Democracy）民主，我说其实还有第三位先生叫"穆先生"（Morality），这里"穆"就是道德，新道德[1]。我认为这个道德问题非常重要，不能忘记。这一方面是重复

---

[1] 吴稚晖：《一个新信仰的宇宙观及人生观》，原载于《太平洋杂志》1923年—1924年第4期。吴稚晖当年提出"穆拉尔姑娘"，参见张君劢、丁文江等著：《科学与人生观》，岳麓书社，2012年。

当时的说法，强调从技术、体制到文化层面的变化；另外一方面也是想讲，道德不应该像帽子一样戴在我们头上，罩在我们生活中，今天的道德必须把帽子从头上摘下来，放在我们手上，我们要去观察它。如果一顶帽子戴在头上，我们是看不到它的，我们可以意识到它的存在，但不知道帽子是什么形状什么颜色，不知道道德从哪里来，糊里糊涂跟着它走，是盲目地跟从。如果要让别人去尊重这样的道德，那就是不道德。讲"穆先生"，是说道德应该是一种有选择的道德，要以个体自由为基础。这肯定是从哪里读来的，可能是从高中"文化热"里留下来的。另外也的确觉得对道德一定要作实证观察和分析，而不是大而化之地视为教条。反教条、反体系、反知识分子、反精英的那种心态，又牵扯到用哪种语言来写作，这个可以以后再讲。

马克思最早讲偷窃的问题——其实从蒲鲁东[1]就开始讲——问偷窃为什么被认为不道德。首先，偷窃成为一种不道德的行为，前提是私有财产，如果没有私有财产就没有这个问题。后来马克思分析，在森林里面你捡掉下的树枝和把树枝砍掉，同样被认为是偷窃，如果土地是庄园所

---

[1] 蒲鲁东（Pierre-Joseph Proudhon，1809—1865），法国政论家、经济学家，无政府主义奠基人之一。

有，可以讲树木是你所有，但树叶、树枝都从树上掉下来，还归你所有，等于无限扩大了，大家都认为你拿这个东西是不道德的。所谓的偷窃，在什么时候、什么条件下成为一种不道德，有历史的演变。再比如，家庭和腐败的关系也需要我们要对道德作实证分析。为什么因为照顾子女而腐败，大家就觉得好像可以宽容一点？同时我们对腐败官员的揭露，却把大量篇幅放在男女关系上，而对这个人究竟怎么贪污、制度设计哪里有问题、贪污造成的具体后果又讲得很虚幻？道德是多维度的，为什么在这个维度给予那么大的权重，其他事情给予小的权重？北大校长给妈妈跪下，拍成片子拿出来流传，这给青少年的影响非常坏，因为它把一个不自然的、说不清楚的道德观猛然扣在你头上，不但让你无法选择，而且让你失去了究竟何为道德何为不道德的基本感知。我想我当时写这篇文章是讲"五四"要建立新道德，要去理性地思考，有个人的自由。没有选择的道德是不道德的，强加的道德最不道德，因为把我的道德强加于你，意味着我要对你的人性做一个潜在的彻底否定，你要不接受我的道德，在我眼里你就不是人了。

研究"浙江村"

吴琦：这次访谈不会细致地去谈您比较广为人知的研究和观点，比如在北大求学时期就开始的"浙江村"研究，以及博士论文《全球"猎身"》，还有其他一些在中文世界能够找到的论文和评论性的文章，而是把它们都作为我们谈话的前提和材料，希望在此基础上有所推进和延展。但持续做了六年的"浙江村"的研究，无论是在学术工作还是个人生活的意义上，都是转折性的，当时您有这样的预感或者自觉吗？初衷和最大的动力来自哪里？

项飙：完全没有！当时我才二十岁，完全没有"这个事情今后会有什么意义"这样的概念。人可能要到了中年之后才会有这种历史感，说今天我做这个事情是对自己以前的总结，同时要开启一个新的方向，等等。年轻的时候做事情，要么是因为别人让你做、大家都在这么做，要么是相反，要特立独行，要故意跟着冲动走。冲动是每个人都有的，关键不在于你有没有冲动，而在于你是不是让冲动推着你走。那些真正冲击了历史的事情，不管是大历史还是自己人生过程的小历史，经常是在冲动下做的事情。那些有历史感的规划，往往没有什么太大影响。这是人世间很美妙的事情。它让你有惊讶，让你感到生活和历史很跳跃，让年轻人有机会。

当时主要的动力可能就是要与众不同吧。当然这和当时我对学习的不满有直接的关系，觉得听课太没有意思了。但是我们社会学系对实地调查的强调也给了我动力，当时老师同学们一说实地调查都有一种神圣感。我在童年时期养成的观察的爱好可能也很重要。其实很多同学也会很愿意去做实地调查，但是如果你去了那里看不出来东西，和别人聊不起来，那也很尴尬，也做不下去。

吴琦：那时候周围朋友多吗？一起讨论的人多吗？

项飙：不太多。我在这方面不太需要跟人分享，但我比较爱讲，回来以后自己办一个讲座，成就感就蛮强。

吴琦：这样一个特立独行的研究，在当时北大的环境里，受到了周围人怎样的评价？有人批评吗？

项飙：我"浙江村"的调查持续下来一直做，也是在北大受到了鼓励，大家都很佩服，我不记得有任何负面评论或者冷嘲热讽，大家都觉得不容易。老师也很鼓励，后来校团委也（拿"浙江村"的成果）去报奖。对青年人来讲，这是非常重要的鼓励，你会越做越欢，越做越长，这跟那种气氛是有关的。后来我加入王汉生老师的一个课题，又有了资金上的资助，对本科生来说，能有课题经费，存在感和满足感很强。这都非常重要。因为那时候你看不出什么东西来，去浙江村，他们每天做衣服，你也不研究"浙江村"

知道干什么，问来问去好像就一句话，他们的回答也一样，我很长时间写不出什么理论上的东西来，后来也有很多学弟出国之后继续做这个题目，也做不下去。如果把它严格作为学术研究，本科生很难持续。但我那时候能够不断做下去，因为它成了一种社会行动，有资金，有鼓励，有存在感，参与他们自己的社区建设，把北大爱心社在那里办下去……写调查随笔，没有框架，每篇一个问题，一部分发在《中国农民》[1]杂志上，像个小专栏一样，估计读的人很少，只有编辑觉得还不错。

我一直拷问自己，为什么我在理论这方面欠缺严重？因为我在北大确实没有接受什么理论训练，而且我的阅读量也很低，阅读能力比较差。这个听起来比较奇怪，但我在北大就有这种感觉，更大的震撼是出国之后看到他们对文献的处理能力。这是一种很重要的能力，因为我们大量的信息和思考方式是一定要通过文字表达出来的，积累确实很重要。我可以很坦白地讲，我在这方面是低于博士生的平均水平，更不用说在老师里面，我远远低于平均水平。一般人认为在系统的学术训练里，那是起点，是最基本的功夫，必须要过那个槛，我其实是绕开了那些。这也是我会待在牛津的原因，因为如果去其他学校我可

---

[1] 《中国农民》，当时中国农业银行下属的一个刊物。

能比较难找到工作。

我的一个猜测是，牛津认为每个人的这种功夫是不用问的，假设你都会，现在也有人这么跟我说，说我写的东西故意跳开了那些理论，认为我是在知道那些理论的情况下故意不用，所以又高出一层。其实是我完全不知道，所以没有让那些理论介入。从他们的角度看，我好像带来了一股清风。但如果我去其他比较新的大学，会考核各种指标，肯定在第一项就会被刷下来。

这是我长期以来的一个弱点，还在挣扎当中。我必须要追赶，但也不能够放弃自己的特点，把自己搞成那样的人。怎么弄现在没有结论，还在继续追赶，我们二十年以后可以再讨论这个问题。

我想，我在北大阅读很少，在"浙江村"里泡着，可能跟它当时的教学有关系。因为我在高中的时候，阅读热情很高，愿意去看一些复杂的表述，如果继续推进，有一个比较好的本科教育，在这方面可能会有长进，但我没有那样的环境，自己又对人们怎么做生意这种日常的东西天然地感兴趣，所以我就跳到那边去了。阅读功力跟年纪很有关系，必须在一定的年纪以一定的力度去阅读，才能达到那种能力。我就是在那样的年纪没有密集地读学术文章，所以大脑的这部分功能没有被很好地训练出来，到现在也是这样，我跟文字的关系比较隔膜，很难从文字里面得到兴奋感。

吴琦：这也成了对知识分子这种身份有隔膜的另一个原因。

项飙：是的！一方面我和知识分子说话有点心理障碍，大家都读过的东西我不知道，另一方面我觉得有些知识分子活在话语里，讲的是从一个话语到另一个话语之间的逻辑推演，也许和实际发生的事情相去很远。对我来讲，话语本身没有太大意思，我总是在想这些说法对应的事实是什么，这样我就成了一个很挑剔的读者。但这可能又是我的强项，如果你背后没有什么真东西，我不会被话语蒙住，我总想把说法拧干，看看下面到底是什么干货。所以我非常欣赏中国老式的报告文学的写法，那种直接性，没有什么外在的理论化、隐喻、类比。理论的欠缺还造成一个很大的问题，我不太能够阅读很多引经据典的东西。我不知道这个典，就不知道它要讲什么道理。当然引经据典是知识分子文人很重要的写作方式。

吴琦：这也是这类写作的乐趣所在，是这个群体引以为荣的东西。

项飙：对，用典会显得比较隐晦、微妙，跟别人的、经典的东西形成对话，有一个知识圈的宇宙在那里。我是不能介入的，那个东西也拒我于门外。新加坡有一个对我影响很大的朋友叫瓦妮（Vani），印度人。我说琼·贝兹（Joan Baez）[1]很感动我，她唱很多民间歌谣，我对音乐的了解基本上是零，但琼·贝兹的歌我喜欢。瓦妮就笑了，她对我非常了解，她认为贝兹的音乐比较弱，我估计她的意思是说贝兹的节奏和音调比较单调，但她说了一句话，我觉得很有意思，她说你喜欢她是因为她的歌没有reference（引经据典），她讲的东西就是东西本身，不会背后还有东西需要你有额外的知识准备去理解。我就是在这个直接性中得到一种力量。前两年我还让我的学生都听她的歌，特别是《日升之屋》（"House of the Rising Sun"），让大家写文章都要写成那样。她唱得非常直接，"我的妈妈是个裁缝，是她缝制好我的新牛仔裤；我的爸爸是个赌徒……噢，妈妈，告诉你的孩子们，我的姐妹们啊，可千万不要再做我做过的事……在这个太阳升起的房子里面……"那么直接，但那么感人。

所以北大的那几年，我确实跟别人不一样，大家觉得北大是在思想、理论、学术上的熏陶，但对我来讲北大就是自由，让我可以在"浙江村"混。我也比较爱搞社会活动，找了很多人，写了很多信。

吴琦：写什么信呢？

---

[1] 琼·贝兹（1941—），美国乡村音乐歌手，民权运动者。

研究"浙江村"

项飙：写给童大林[1]、董辅礽[2]，也写给我们温州一些搞政策研究的人，也去见他们。1992年以后，有一些两年前出国的知识分子，我称之为"老精英"，最有名的就是周其仁、王小强、杜鹰……后来林毅夫回来了，组建中国经济研究中心，我跟他们有一点交往。还有陈越光，原来"走向未来"丛书的副主编。

吴琦：您以学生的身份和他们交往？这在当时也不常见吧，有什么重要的发现吗？

项飙：对。一部分原因是我的导师王汉生还有孙立平给我引荐。老师的关系非常重要，当然也是我自己比较积极，比较愿意见这些人。他们给我的熏陶很重要。他们不讲理论，只讲故事讲经历，讲见地，很直接，一刀插进去再提出来。他们讲事情，都要讲到"点"上去，也就是导致某个现象的最重要的原因，而这个原因又往往是以前没有被意识到的。但是他们似乎没有耐心把这个"点"演化开来，形成系统的论证，聊天中点到为止，又跳到另外一

---

[1] 童大林（1918—2010），福建厦门人，1934年参加革命活动和抗日救亡运动，1938年到延安。曾任中共中央宣传部秘书长、中国科学院副秘书长、国家科委副主任、中国经济体制改革委员会副主任、中国经济体制改革研究会副会长兼总干事、中国世界观察研究所所长等。

[2] 董辅礽（1927—2004），经济学家，80年代初，深入研究所有制问题，首次提出并坚持所有制改革，提出并研究"温州模式"，理论上分析"温州模式""苏南模式"，主要著作有《论社会主义市场经济》《社会主义再生产和国民收入问题》等。

个点去了。他们其实提出了大量让人非常兴奋的假设，但是没有去验证。我那篇关于知青的文章（《中国社会科学"知青时代"的终结》）就是基于这个。孙立平比他们更学术化一点，他也有洞见，会把洞见延展开，但他们真正的乐趣都在这个"点"上。跟他们交往，知道他们的经历，真是非常羡慕，觉得他们能够在真实世界里讨论政策问题，全身心地投入自己相信的事业。但整个80年代没有给我留下太多的思想资源，主要留下了一些精神资源。

吴琦：80年代的问题我们后面再继续谈，回到您说的直接性这个问题，以及您在理论能力上的欠缺，当时北大的老师们没有在学术上考核您阅读文献、引经据典的能力吗？社会学系也不考核这些吗？

项飙：没有这样的机制。王汉生老师知道我这个问题，我记得她有一次跟我谈话，在我从本科升到研究生的时候，1995年夏天，在她家里面，她说你到了研究生阶段可能会感觉有压力。我那时候比较自信，我问会有什么压力？她说你到李猛、周飞舟、李康那个圈子里去（他们比我高一级，掌握的理论比我多得多），你会在理论学识上有压力。她的意思是我要加强。刘世定[1]老师对我也非常鼓

---

1 刘世定，北京大学社会学系教授，主要研究方向为制度运行与制度变迁、经济学与社会学比较、企业制度与组织。

研究"浙江村"

励,他是一个非常温和的人,他没有指出我这个缺点,但非常明显他知道我这个问题,也没有批评我。有一次我们在一起吃饭,他也很明确地说,你的东西很灵,但你展不开,也没有跟文献对话。

观察这些北大人是很有意思的。我经常跟另外一个年轻老师于长江[1]聊,他说北大给你一个很重要的东西就是不怵,到了哪里都不怵。这个可能是对的。

我的调查的经历是我早期的积累,这造成一个很大的问题,因为我本科做这种调查,做了一件很少人在这个阶段做的事情,但我没有做大部分人都做了的事情,就是阅读之类。有点倒过来。我比较早地受到一些认可,不仅在学校,在国际上的认可度也蛮高,但我的一些基础又没有打好,一直到现在,给我造成一种压力,有时候挺心慌,前两年给我造成很大的心理压力。

去年在上海,我跟我的博士导师也谈过这个问题,他叫彭轲[2],他对我是很鼓励的。我跟他一谈,他很快地理解

---

[1] 于长江,1984年入北京大学社会学系本科学习,1988年毕业留校,从事城乡发展和民族问题研究。

[2] 彭轲(Frank N. Pieke),荷兰人,美国加州大学伯克利分校人类学博士。曾任牛津大学人类学院大学讲师,荷兰莱顿大学教授,德国墨卡托中国研究所(Mercator Institute for China Studies)主任。研究兴趣是现代中国政治和海外华侨华人研究。

了，他说你是觉得很难超越自己。陈光兴[1]有一次在新加坡主持我做的一个报告，大概是2003年，陈光兴就说我做过"浙江村"，然后说，可能他一辈子也不可能再做出一个比这个更好的研究。当然他是夸我的意思，但我想，我才三十一岁啊。现在他的话有点变成真的了，我觉得压力越来越大，原因之一就是我在没有练好基础功的时候做出了一个连权威都认为出其不意的研究，但怎么继续下去……

吴琦：那么做"浙江村"研究的时候，有想过以后的打算吗？已经决定以做研究为生？

项飙：做"浙江村"的时候非常投入，因为我有资金上的保障，又没有什么工作上的压力。因为做得很起劲，就上了研究生，基本上不用花任何力气。北大研究生毕业去找工作也应该没问题。到了研究生后期开始考虑，觉得工作没什么意思，在北大再读博也没意思，都读了那么多年了，出国的话还要考托福。当时我的学长周飞舟已经去了香港科技大学，王汉生老师就说让飞哥帮你申请一下科技大学的博士，他们的奖学金比较高，我就跟我们宿舍

---

[1] 陈光兴，生于1957年，台湾文化研究学者，著有《去帝国：亚洲作为方法》等。2016年2月19日，项飙在香港中文大学曾做过题为"泡沫、盘根和光环：北京'浙江村'和中国社会二十年来的变化"的讲座，也曾提及这个话题。

的一个同学一起申请。

那个时候我有自己的电脑、打印机，还有自己的传真机、手机，可能全北大极少学生有这样的办公设备——1996年、1997年左右我就把这一套办齐了，后来我买了自己的手提电脑。主要靠稿费，同时我又做一些公司的咨询工作。那时候工作对我来说不是问题还有一个原因——我的经济状况已经没什么问题。

我提到这个，是因为我记得那些申请书都是从我床头的打印机里打出来的，用不同颜色的纸。过了一个礼拜，就收到了回绝信，因为我没有托福成绩，第一关就把我拒掉了。然后就真的是幸运。我也没有考虑下一步，可能就留在北大读博，这时候牛津大学的彭轲，作为一个外国学者，荷兰人，很注意中国学者在国内发表的东西，看到我的东西也觉得难能可贵，就找到我，鼓励我去牛津，他来安排奖学金。现在我问他，他不觉得有什么，可是牛津的奖学金很有限，他帮我拿到全奖，全系只有一个，是要跟其他老师来争或者劝说的。我到了牛津之后，英语一句不会讲，上课完全听不懂。我去答辩，实地调查之前的答辩[1]，答辩时一个老师说了两次 outrageous，就是忍无可忍的意思。在英国牛津这个地方说这样的话，我估计是创造了历史。我还不太懂 outrageous 是什么意思，我只知道这是很差，回去查字典、问同学才知道这个词。一夜无眠，在草地上走，现在我住的地方就是那个花园。我非常感谢彭轲，他替我争了那个名额，估计在开始的那一年，他也承受了很多压力，奖学金如果给另外一个学生，肯定做得比我好。这在当时对我是一个很大的冲击。

吴琦：您在《全球"猎身"》[2]中文版的序言里面专门写到了出国时的这种窘境，您的形容是"阴云低垂，这是那一年牛津留给我的所有记忆"。当时您的心态如何？北大里那种自由、自信和自强的状态，突然受到冲击。

项飙：我上课听不太懂，但下课跟同学聊，又觉得有点失望，牛津的同学不如北大的有趣。现在想起来主要是语言的问题，自己不懂的东西就认为不好。一方面是完全的震惊，另一方面又没有深刻的反思。这个可能跟竹内好讲的中国和日本的区别有点像，就是说受到新的文化

---

[1] 牛津大学的博士生没有上课和考试的要求，自己独立研究；但是要经过三次答辩：一是实地调查前关于开题的答辩，答辩通过成为正式的博士候选人；二是实地调查回来，研究思路成形后的答辩，叫"资格确认答辩"；三是最后的论文答辩。

[2] 项飙著、王迪译：《全球"猎身"：世界信息产业和印度的技术劳工》，北京大学出版社，2012年1月第1版。

冲击时"回心"（中国）和"转向"（日本）的问题[1]。"回心"是彻底粉碎旧的自我，彻底反思自己为什么跟人家不一样，不是简单地问差距在哪里，而是问差别是什么，把这个差别看作一种既定事实，而不是要去弥补的对象，这同时也是思考和创造的来源，这是革命性的；另外一种是"转向"，就是他所说的日本的方式。

我当时也是这样，没有彻底反思自己为什么会有这样的差别，只认为这是我的差距，我落后了，文献读得不够，就要奋起猛追，大量地读，完全没有读懂，读的东西很多本身也比较肤浅，不是精品，不是根本。那时候很多人类学研究其实已经做得很肤浅了，就这个现象讲两句阐释一下，没有讲出什么大的道理。在实地调查之前，没有任何一个东西给我真正的启发，我就把那些词都放在一起。调查回来之后，看到一本论文集叫作《虚拟》（*Virtualism*）[2]，它的序言是我到了牛津后第一次看懂一篇英文文章，因为我的英语那时好一点了，那篇文章不是什

---

[1] 竹内好（1910—1977），日本思想家、文艺评论家，他在发表于 1948 年的《何谓近代》中提出，与中国近代"拒绝成为自己，也拒绝成为自己以外的一切"的这一"回心"相对，日本的近代则是追随强者的"转向"。具体内容可以参看原文，现收入竹内好著、孙歌编：《近代的超克》，三联书店，2016 年 10 月。

[2] James G. Carrier and Daniel Miller , *Virtualism: A New Political Economy*. New York: Berg, 1998.

么经典，但就是因为懂了，思路就一下子打开了。理论不在于新不新、深不深，更不在于正确不正确，而是能不能形成沟通性。可沟通性非常重要，哪怕是一个浅显的理论，但它一下子调动起对方的思想，把对方转变成一个新的主体，那这个理论就是革命性的。找到能引发共鸣的语言其实是很难的，不仅要对静态的结构，而且要对形势、未来发展的方向有精确的把握，才能够讲得简单，勾起大家的共鸣。思路打通之后，我的博士论文写得比较快，当然也有很多问题，但在那个语言水平下做到那个程度，我还是比较满意。

吴琦：所以在牛津做博士论文时遇到的困难，和您最近几年遇到的研究瓶颈相比，并不算一个很大的挫折？

项飙：你说得对。现在回想，它没有在心理上留下阴影，因为它是歼灭战式的。我在那里唯一的任务就是做博士论文，要在一定的时间之内做完，所有的压力都集中在那一年里，在那种情况下，反而不会太考虑，会全心全意地处理那个巨大的压力，不会形成情绪、心理上的问题，都还没来得及。很多单身母亲也是这样，离异了，有两个孩子，她们不会觉得很难，后来才会感觉心理上有压力，因为那时候只顾着生存，把那一年过完。当然也是很难的，每天都绷得紧紧的，问题是在后来比较从容的情况下出现的，要寻找意义，反而更难处理。

年轻人之丧

吴琦：这可能也是中国式教育的结果之一？您也是这种教育的产物。90年代以后，国内讨论这个问题的主要框架就是素质教育和应试教育之分，但后来发现所谓的素质教育也变形了，兴趣班成为新的负担，而学习的压力并没有减轻。

项飙：我是很典型的中国式教育出来的，要去听课，没有兴趣也要坚持，从来没有想象过学习的乐趣，我们的老师也没有想象把教育变成一种乐趣。我给你举个例子，我是学文科的，我的兴趣很广泛，但我对历史不感兴趣，能把我这样的学生教到毫无兴趣，这个历史课是教绝了。老师来讲历史课，完全没有概念，为什么要讲这一段跟现在看起来完全无关的事情，这段历史对今天的学生究竟有什么意义、有什么意思？这样就不能把历史的事实激活。激活有两种办法。一种是进入历史的内部，讲三国就讲三国内部的故事，这是一种比较粗浅的把它讲得有趣的办法。更重要的是能够建立一些联系，比如三国之间权力的争斗、领土之间的变迁以及人们的领土意识，和我们现在完全不一样，可以把这一层讲出来。

说实话，西方教育还是比较强。我们这种咬牙坚持的能力比他们强，学了西方学生没学的东西，但平均来看，他们的工作热情、纪律性比国内教育的学生要强。我自己带博士、硕士感觉就比较明显。本科生的那种fun的意识也非常强。我一般不教本科生，但有一次一个本科同学要做一个论文叫作"印度和德国的垃圾处理的比较"，主要是研究人们怎么理解干净和不干净之间的关系。他去印度那些捡垃圾的人家里，发现他们的家就是在垃圾处理厂旁边临时租的房子，但特别干净，他就要去理解他们的生活观念。而在德国，垃圾已经跟脏没有关系了，大量都是干净的塑料包装，要不断地扔掉，形成循环经济，那就要关心什么东西扔掉、什么东西不扔掉的问题。这就是一个例子，很有想象力，你可以看出他的fun，他不是根据大家说了什么而去设计这个项目，而是到垃圾场看见人家的房子这么干净，问这些具体的问题。

另外一个学生去柬埔寨孤儿院研究收养政策，调查为什么这些孤儿院不愿意让儿童被其他的家庭收养。她发现是因为孤儿院要通过保留孤儿的数量以争取国际资源和资助。这等于是人道组织的商业化，在全球人道援助产业化的背景下的策略。这里就可以看出差别，我们当年的本科生十九岁、二十岁时在关心什么问题？

吴琦：现在中国的年轻人在互联网上最大的共鸣就是"丧"，现在的条件变好了，自由度变高了，也有自己的爱好，开始有自己的 fun 了，结果却陷入了一种普遍的沮丧，好像一切没有意义，也看不到生活的变化。

项飙：因为整体的经济在增长，靠它的回报大家能够持续下来，70后和一部分80后按这个情况能持续十年、二十年，但这条道路肯定是要走完的。Fun 的意思就是能够对事情本身发生很大的兴趣和热情，不需要外在的回报来刺激热情。艺术、数学这些东西都是很好的例子，可能是人的本性。我们的家庭和学校教育，活生生地逼着你去想回报，就算有个人兴趣，也叫你千万不能把这个当作职业。取向就非常不一样。艺术上的热情还是比较自然的，爱画画的人总是爱画画，但其他工作，比如研究性的、公益性的，会牵扯到很多很繁琐的细节，确实要有一种持续的热情。要投入不能完全靠自发，而是需要通过教育。

吴琦：经济发展的红利可能到今天也没有彻底结束，这些很"丧"的年轻人依然身处其中，只不过可能他们主观上不把这些进步当回事。比如大家对户口这些东西的执着慢慢在减弱，全球性或者全国性的流动在加强，选择范围已经不局限在北上广，而是更多的二三线城市，或者回家乡，这些具体的方面其实比之前是有进展的。

项飙：这个很有意思，我们需要新的生活意义的来源。日本给我们一个警示，出现了很多封闭的宅男宅女，生活非常稳定和固化。日本的教育也不太行，强调执着、专注，也不太强调 fun。另外一个例子，我外甥女学画画，我陪她去一个老师家里聊画画，那个老师就说你画画要画得美，画一个人的人像，那个人的手要是长得不好看的话，就把手放在背后，让大家看不见。这样对小孩子讲好像很有趣。但如果把艺术理解成这样一种视觉的美，孩子很快就会觉得没意思，因为美是形式化的，很难追求下去。艺术真正的魅力是产生一种视觉效果，让对方去思考、反思，有思考的引带力，从这个角度去理解艺术，有趣的空间就大了，孩子也会想很多问题。如果把长得不好看的手精确地画出来，把那种动感画出来，可以是很感人的。

这又回到原来的问题，我们读书，理解人类社会的规律，都一定要和自己这个人发生关系，否则搞艺术就是为了美，好像是一个服务工作，去取悦人。大家要倒过来看，不要想着去取悦，想着自己怎么可以 fun，即使很简单的服务行业，比如在饭店，如果认真去观察，也能很 fun，像个小作家一样去看各色人等，每个人经过前台时有什么不一样，怎样跟他互动……如果给员工很大的自主性和空间，让他觉得自己不是机械的一部分，而是作为一个社会人在跟人打交道，也会有很多创新。

现在大家都注意到，人工智能好像会造成"多余的人"。我在东北的课题是"社会上的人"[1]，这是比较有中国特色的概念。他们没有正式单位，没有稳定工作，跟体制的关系非常不紧密，今后这批人会越来越多，他们究竟是在一个什么样的位置，这是全球性的挑战。确实，今后的经济政治关系可能会发生很重大的变化，人们不太需要花很多时间做物质工作去赚钱，我们能够用比较少的投入获得足够的生存资源，在这个情况下，经济活动在一个社会人的活动里的位置会变得越来越不重要。那个时候要有全新的想象。比如基本收入（basic income），意思是公民每个月都拿那么多钱，不管工作不工作。极端的情况下出现大量人工智能，很多工作自动化，剩下的就是分配问题。中国当然不太可能很快这样，但也需要新的想象。如果赚钱糊口不是主要的目的了，你的生活意义是什么，你怎么和社会形成关系？

重要的是一定要回到人本身。80年代我们讨论人是不是马克思主义的起点，现在这个问题就更重要了。我们这些年改革，在老百姓的生活里，其实是一个生命意义、

---

[1] 可参看2018年12月20日项飙在清华高等人文社科研究所做的以《出国打工：商业化、行政化和"社会上的人"》（Working Abroad: Commercialization, Bureaucratization, and the "Society People"）为主题的报告；以及2020年4月发表在澎湃新闻网上的系列文章：专访项飙（上）|《"流动"的革命：跨国移民网络的基础设施》，https://www.thepaper.cn/newsDetail_forward_6861844；以及专访项飙（下）|《失语的"社会人"，和疫情下的社会边界》，https://www.thepaper.cn/newsDetail_forward_6861914。

生活意义转移的过程。读好书、考好学、找个好工作、家里给买房子，一直是将意义外化转移，到最后没有必要转移了，就是要回到人本身。国家也是这样，过去任何问题都首先是经济问题，经济发展了，好像其他都能解决。但你看现在的民族政策、内地和香港的关系、青年的问题，靠经济发展都解决不了，而且经济也不可能无限发展，不可能给每个人一架私人飞机随便开，所以越来越回到意义本身。意义不是虚无缥缈的人文精神，而是来自人和人的关系怎么构造。这跟经济有很大关系，回到物质资源如何分配、社会关系如何协调这些问题，但不一定建立在生产劳动的基础上了。

边缘与中心

吴琦：我意识到，您谈到自己的成长经历，和给出的具体建议，都可以互相印证，是彼此的材料，也就是说，清晰的自我认知，往往是我们思考外部命题的工具和武器，是不是可以这么理解？

项飙：这个讲出来以后，估计大家都会同意。关键是怎样形成一种意识，在自己的历史局限和现在的行动计划之间平衡好，这是真正的英雄。真正的英雄不是改变世界，而是改变自己生活的每一天。很遗憾，在现代性之下，"边缘"和"中心"变成一组对立关系，中国人又有那么强的中心情结，觉得边缘的生活不值得过，造成极大的焦虑。权力和资源过度集中。人们常说"红二代"一般不腐败，因为从小家庭条件比较好，钱无所谓，我想是有道理的，你看我们的日常生活或者新闻报道，不少巨贪都是从社会底层上来，包括在学术单位里，那些从底层上来的人往往更加容易变本加厉，就是因为他们对自己"边缘"的定位。他不认这个命。为了从边缘进入中心可以不择手段，进入中心之后觉得原来在边缘学到的那些做人原则也可以统统不要。

边缘的人要进入中心的欲望特别强，这当然会让人发挥很大的能动性，但造成各种扭曲。而且一旦进入中心之后，很多人就变质腐败，因为他们从来没有把自己是谁想清楚，存在就是为了进入中心，把生他养他的土地、和周边人的关系都放弃了，变成没有原则的人。人生活中的原则不是靠抽象理念来维持的，都是靠具体的社会关系，这个当然是儒家的思想，但它确实有它的道理。如果跟周边的人、生活的世界关系不清楚，就会变成机会主义者，其他人都成了利用工具。学界是这样，官场最明显，商界也是一样，做一个公司的职员，哪怕做一个学生，都是一心要进省城、进北京，没有扎根性之后，就没有位置，没有主体性，完全工具化。中心太强，其实很危险。

中国历史上的强大中心，很大程度上是靠在各个层级上这个中心内化，每个地方都觉得自己是个小中心，所以都会比较从容。然后把它在象征意义上给拢起来，所以既有大一统，但是又不会削尖脑袋往上爬，觉得自己的生活一无是处。其实中心对很多边缘地方是不管的，地方有很强的自主性，是那种柔性的、开放的关系。[1] 今天"地方"的文化意义真的是被抽空了，搞一些地方博物馆、旅游，都不能够进入人心，所以处理好"边缘"和"中心"的关系是很重要的。

吴琦：我们又从个人故事跳到了更大的题目上来了。对于整个中国近来的情况，从"边缘"到"中心"这一波新的变化，您觉得是从什么时候开始的？要追溯到新中国成立吧？在那之后我们开始建设新的中心感。

项飙：当然是从现代国家建设开始的。为什么现代国家建设会那么艰难，革命之后马上就有军阀内战，部分原因就在于它打破了原来的中心和边缘之间的平衡，清王朝

---

[1] 萧凤霞的文章对此作了精要的介绍。见 Helen Siu 1993. "Cultural Identity and the Politics of Difference in South China." *Daedalus* 122 (2 Spring) : 19–43。

的中心象征意义被取消，各个地方不服，各省要独立。当然各省自治这个说法在早期修宪的时候是一个主流的选择，就是邦联制或者联邦制。从长期来讲，所谓封建制和郡县制这个辩论在中国一直存在，费孝通到最后也认为中国最重要的出路是地方自治，这跟他提出的"差序格局"有关系。这里又回到"差序格局"，它不是一个简单的实证概念，它是一种格局，一种政治图景的安排。政治安排当然会受战争很大的影响，北伐、大革命、内战……抗日战争是非常重要的一次战争，是使得中国统一的一个原因。在抗战当中，人民被发动起来，民族意识空前一体化。所以顾颉刚和费孝通有辩论，顾颉刚说中华民族只有一个，其他都是我们家族的内部，都像宗族一样，费孝通是不同意的。[1]

你刚才这个问题很好，怎样去分析新中国成立之后的"中心"。它不仅是一个中心，而是有一层一层的次中心，各个区的层级化。这跟当时的计划经济有关系，整个粮食的收购系统和再分配系统——再分配就是所有资源先集中到一个中心，然后从这个中心分配下来——就需要一个

---

[1] 可以参看费孝通：《关于民族问题的讨论》，《益世报·边疆周刊》第19期，1939年5月1日。此文也被收入《顾颉刚全集》第36册，中华书局，2010年12月第1版，第133—140页。顾颉刚：《续论"中华民族是一个"——答费孝通先生》，《益世报·边疆周刊》，1939年5月8日，后收入《宝树园文存》卷4，《顾颉刚全集》第36册，第109—122页。

北京访谈

靠多层支撑的中心。改革开放之后有一个很重要的口号，叫作"加强横向联系"[1]，当时的意思就是说各省之间要可以自由做买卖，加强商品流通，加强市场，不用再通过中心。原来把四川的生猪运到广东，都像打仗一样，四川省政府会派人在边界拦着。农民当然愿意把猪卖到广东，可以卖高价，但四川觉得把猪卖到广东去，四川肉价会上涨，所以就拦着。当时有各种大战，除了猪，还有煤炭大战、蚕茧大战、棉花大战，等等。

在商品高度流通的今天，这个中心意识并没有改变，这是一个很有意思的现象。如何把边缘的生活变得有趣，这很大程度上是文化建设和意识形态的问题。如果有地方写手，写自己的地方文化，慢慢可以搞起来。但今天只用所谓的乡土文化把人留住，那也不行，因为今天中国已经是一个各地连通紧密，甚至和全世界的连通都非常紧密的国家，要把乡土意识发展出来的话，也不是一种孤立的乡土、封闭的乡土，必须是在全球、全国大区域之下的一种乡土意识，所以写手要有厉害的眼光，看出自己在整个大的格局里面是什么地位。

---

[1] 1986年3月10日—16日，国务院在北京召开了第一次全国城市经济体制改革工作会议，部署1986年城市改革的任务。这次会议的主题词是"横向经济联系"。3月23日，国务院发布了《关于进一步推动横向经济联合若干问题的规定》。

我突然想到日本的福冈，它做得比较好，它不用它和东京的关系来定位自己，它会通过它和韩国、中国，特别是山东青岛的关系来定位自己，认为自己是东亚的交汇点。我们广西也定位为东南亚的门户，日常中它跟东南亚的交往很多，这方面的文化意义也应该挖掘出来，让老百姓觉得他们每天干的事情其实很有意思，而不是老觉得自己的孩子不能再干这个，一定要到北京去。

学者在这方面有很大的责任，不一定老讲全国性的大问题，而是把一些具体的小东西讲清楚。今天全国需要几千个、上万个乡绅，如果他们能够发掘、系统化地方的声音，就很有意思。地方的声音就是强调它的多元，这会给中国的长治久安打下很好的基础，像中国这种国家，要想长治久安，不能铁板一块，而要像铁索桥那样，这边松下去，那边翘起来，是一个灵动的有机体。只有把那个局打破之后，地方社会文化的自主性、经济和上层设计的统一性，才能够结合。如果没有地方社会在文化上的这种自洽，大家都往中心挤，其实是蛮危险的。

吴琦：尽管您并不认为自己处在一个学术传统中，但就这个具体的问题和观点而言，尤其您对"边缘"与"中心"的看法，和费孝通先生还是在一个脉络里面？

项飙：这个问题很有意思。应该是在一个脉络里面，因为我对地方性的认识很大程度上也是受他的启发。他对中国实证研究做出了很重要的贡献，解释了中国为什么能够大一统，大一统并不意味着一个刚性结构。但现在环境已经变了，今天我们是一个很强大的国家，确实需要强大的中心，因为有资源再分配的问题，比如上海和西藏的关系，要有互相帮助的精神。所以我强调文化和社会的自主性，但是在经济上，市场要统一，资源上，通过行政力量来二次分配，还有军队税收，这些都不能放松。第二个变化就是全球化。自治不能是封闭起来的自治，而是每个地方都是一个小的中心，是汇集的地方，像一个穴位，贯通全身，要用这样的方式去思考。

吴琦：这也让人想到最近越来越经常被讨论的"中国意识"，似乎从一种官方号召成了一个实际的问题。随着中国越来越深入地参与全球化进程，中国学者可能不仅要解释自己地方上的问题，还要解释中国和全球化这个体系的关系，甚至有人主张这是中国学者新的责任，也是新的焦虑。您怎么看？

项飙：这个我当然是同意的。从宏观的角度来讲，从当代来讲，现在的世界讨论中国的确越来越多，但要从20世纪的角度来看，现在不算是最重要的时期。最重要的其实还是20世纪六七十年代。埃及经济学家萨米尔·阿明

边缘与中心

（Samir Amin）[1]回忆，1949年解放军进北平，十八岁的他觉得人类历史进入了一个新的时间。开国大典时，胡风写的那首诗在《人民日报》上发表，叫作《时间开始了》[2]，我们都觉得很厉害，但没有想到一个埃及的青年也会这么想。50年代，斯大林死了，苏共二十大，中苏两党有争议，这是60年代的中心议题，对全世界的知识分子青年影响非常大。当时我们面对的问题是，社会主义的实验越来越官僚化，跟资本主义差不多，于是大家觉得"文革"在思路上是反官僚的，而且确实深入到农村。约翰·伯格有一本相册，讲一个在英国献身边缘地区的医生[3]，这个医生后来死在中国，他就是要到中国当赤脚医生。那时中国对世界的影响，我觉得比今天要大。今天我们究竟摸索出了一条清晰的道路，或者是提供了一个很大的理想了吗？

今天的情况又不一样，今天的中国走向世界，主要不

---

[1] 萨米尔·阿明（1931—2018），埃及经济学家，近代新马克思主义的代表人物之一。他对第三世界的经济问题有深入的研究，受到劳尔·普雷维什（Raul Prebisch）、安德烈·弗兰克（Andre Gunder Frank）等为代表的依附理论的影响，以"中心"与"外围"的层次概念对第三世界国家与发达国家在世界资本主义经济体系中的关系进行分析，力图全面论述不发达经济的实质。

[2] 长篇政治抒情诗《时间开始了》，分五章，共4600余行，发表于《人民日报》1949年11月20日。

[3] 可参看约翰·伯格 A Fortunate Man: The Story of a Country Doctor（1967），中文版已翻译出版，《幸运者：一位乡村医生的故事》，中国美术学院出版社，2019年10月第1版。

是靠输出理念，而是靠做贸易。每年有8%的中国人出国旅游、学习、做生意。当然"一带一路"也很重要。我们总的经济量那么大，意味着哪一天人民币可能成为世界流通货币。中国现在的上升，包括阿里巴巴，是靠人口数量推上去的。这也很有意思，原来我们都认为人口是负担，现在突然变成红利。诸如电子商务、网上支付、平台经济，我们最大的优势就是人多。在这个情况下，我倒不觉得现在的中国崛起有什么很强的特殊性。

但另一个问题，你也提到中国学者的身份，就我自己来说，这个是一个很大、很复杂的问题。这一下子又回到我们前面讲到的，每天的生活和要思考的问题之间的差别。我的教学、学生对我的期望，和我自己的成长经历、我关心的事情，这中间总是有张力。我对英国政治的参与相当有限，因为我确实不太知道它的历史来源、问题是怎么提出的，等等；对于中国问题的切入，我也觉得有距离、有隔膜。这是一件蛮痛苦的事，也是一个不太完整的人生。当然它也有它的好处，它带来新的视角。所以我现在应该做的，是要构造出一种新的跨国性的生活世界，但到现在为止，做得不成功。不成功的原因跟我前几年的不自信有关，自己在世界上的位置定得不清楚。位置不清楚，就需要被主流认可，觉得这是个任务，就造成了焦虑。

中国学者是不是会对世界做出大的贡献，这不是我们可以计划的。学者最重要的是把关心的问题，用自己的位置讲清楚。把自己的情况讲透了就可能对世界有影响，但更可能的是，要等一批人积累起来以后，会对这个世界有普遍性的启发。原来我也提"中国学派"这种说法，现在看来是不能计划的。很重要的原因是，中国是在这样一个全球化的环境下崛起，靠中国的独特性去讲世界的普遍性问题，这个蛮牵强，还不如把自己具体的问题讲清楚。但宏观的世界视野还是很重要，你可以把自己定位得非常边缘，在地球的一角，但你要知道这是地球的一角，而不是中心，把这一角讲清楚，其实就是全世界的话语。总的来讲，我现在对"中国学派"这种说法有点存疑。

吴琦：当我们笼统地谈中国或者说"中国学派"，其实每个人的思想来源已经很不同，这里面至少有两个传统：一个是传统中国，对"天下"的想象，从那些过去的概念里面获得灵感；另一个是红色中国的传统。很多学者是沿着这两个方向来展开关于中国与世界新的判断。这两个传统，它们之间的关系是怎样的？您说到中心与边缘的关系，其实就是来自历史深处的视野，而谈到"文革"，又是在探寻历史和群众的关系，为什么到了21世纪的今天，这两个叙事似乎可以连接？又怎样连接？如果说我们应该在历史的版图里面去认识我是谁，中国是谁，我们的身世到底是什么，现代国家的叙事到底是怎样的？今天好像没有共识。在这个基础上谈我们个人的小叙事，其实也会遇到这样的困难，我们的日常生活到底和现在的中国叙事有没有关系，是怎样的关系？对这些问题的解答，应该从哪里入手？

项飙：这个很有意思，很多人也想做这方面的努力，像甘阳的《通三统》[1]。不只是古代文明和现代社会主义革命，还有改革前和改革后，也有很多断裂，怎么连接是一个历史哲学的问题。首先要问我们今天关怀的问题究竟是什么，然后再想我们用什么样的中国叙述来解释这个纠结。粗浅地说，有人用红色中国的经验来反思今天的情况，有人是用前现代中国的经验来反思今天的情况，其实它们跟"中国"不"中国"关系都不大，他们的意思是说其实我们不一定要像现在这么做事情，你看，60年代我们是这么做的，或者16世纪我们是那样做的。是一种超越时空的对比。而你的问题是说有没有可能建立一个一贯的、比较稳定的中国叙述，这个中国叙述能够对今天的情况产生一种解释力，作为参照？我觉得当然是有可能的，因为纯粹从历史编纂的角度，疆土还没有变，人口基本上是这个样子。但如果从做事的角度看，我直观的回答是，

---

[1] 甘阳：《通三统》，三联书店，2007年10月第1版。

我没有看到建立这样一个一贯性叙述的必要性。

比较简单地讲，如果在英国讨论政治——英国也是很乱的，它跟法国不一样，它很晚才有中央集权，到现在中央集权也不是很强，到今天也没有成文的宪法，但它又曾经是一个全球性的帝国——我的观察是他们好像没有觉得必须要有一个成型的历史叙述。它没有很好的历史叙述，但这个国家在实践中积淀了很多原则，连贯性比较强。中国有一点倒过来，中国在事实上的连贯性很弱，也有很多的断裂，但每一个朝代都修前朝的历史，在历史书写上连贯性很强，所以就造成了很强的意识上的连贯性——我们是"中国人"，有"中国"这么一个单位。但在实际的生活逻辑上，其实有极大的断裂。而英国的国别认同，在精英中比较强，对中产阶级来讲则是很模糊的事，他们搞不清楚英国人是谁，也不关心这样的问题，可能会把一些问题讲没了。

想起我刚去牛津的时候，牛津最古老的墨顿学院（Merton College）的院长、原来大英博物馆东方部主任杰西卡·罗森[1]问我做什么研究，我说我做人口迁移。她是

---

1 杰西卡·罗森（Jessica Rawson, 1943—），英国艺术史学家、考古学家、汉学家。研究领域为中国艺术与考古，尤其是商周青铜器与汉代墓葬。研究成果可以参看《祖先与永恒：杰西卡·罗森中国考古艺术文集》，三联书店，2017年8月版。

考古学家，研究西周铜器，她就说移民有很长的历史。我说我对历史不感兴趣。她说你不知道历史，怎么解释现在。这对牛津人来说很令人惊讶，因为对老学科来说，历史很重要，一切都是从历史开始讲。我还记得那个辩论，那时候我耍小聪明，说了一个比喻，说电影和戏剧的差别。戏剧在一个舞台上，非常简单的布局，空间极其有限，时间也极其有限，表演话剧。电影是可以无限的，可以拍五年，剪成两个小时，全世界全宇宙都可以拍，可以容纳很多历史叙述。正是因为话剧不涉及别的东西，给自己设置了很多限制，所以它的深度更深，给我们的冲击更大，如果把历史都放进去，反而就变成了一般的叙述。小说和诗歌也一样，诗歌那么有限和局限，但会有很强的刺激。罗森肯定不同意，我也肯定是少数派。

从认识论、方法论上去讲，我可能站不住脚，但从直观的感受讲，我又有这么一种倾向，就是如果太讲历史，可能会把一些矛盾给解释没了，所以有的时候强化一些片段，其实能够更加激发我们的思考。这个在学界不太被接受，也可能是两种学术，很长的历史确实能够解释现在这个矛盾是怎么出现的，但这种解释不一定能够引导人形成新的思考，或者进入这个矛盾，有时候更局限地、话剧式地去切入，不太关注长期的历史性解释，反而会让矛盾剧烈化，可能有助于我的思考。

搞一个连贯性的历史叙述，是传统历史学家的做法。但是要进入历史的话，一定要从现在跳进去，抓住现在的矛盾，从这个矛盾出发，追溯到以前的矛盾，才能进入历史，形成历史观。如果我这样进入历史，就不太需要一种连贯的、稳定的、以中国为单位的历史，它可能是断裂的。海南的问题可能跟马来西亚、泰国更相通，因为它们本身在历史上的关系更紧密，尽管它们现在显然不是一个社会，历史上也不是，但是社会空间的延展也就跟我们现在所定义的行政空间完全是两码事。所以我不太关心有没有一个稳定的"中国叙述"，我觉得没有一个稳定叙述会活得比较有趣，能看到更多的东西。

要建立那样一个统一的叙述，在哲学上就要预设有"中国"这么一个单位，如果我们用比较人类学和社会学，或者一般的社会科学的眼光去看，"中国"就是人的实践。人的实践是发散的，会引向各个方向，这些不同的实践发生在一个土地上，发生在一群有血缘连贯性的人群当中，当然客观上有必然、实在的联系，但是不是有某种分析意义上的联系？这个很难讲，我觉得它可以是一个很开放的概念，中国变成什么样，让下一代人去管，我们没有必要去替他们考虑、设计什么蓝图，其实今天我们和清朝北京的人已经完全不一样了，我没觉得这是一个问题。

我个人在动用历史资源的时候，不太强调它某种必然的连贯性。历史和异族从某个方面来说，有点像一回事。我可以举中国古代的例子，也可以举今天印度或者英国的例子，当作人类社会的多样可能样式去想象未来。我是中国人，这不是一个骄傲不骄傲的问题，我就出生在这个文化里面，就跟我是温州人一样，我出生成长在中国七八十年代一个南方中小城市，这是命，一定要百分百去拥抱它，嚼透它。在这个意义上，我的身份认同很清晰。大家现在说的身份认同有另外一层意思，好像认同了一个东西，就要捍卫一套价值，要遵循一定的行为规则，继承一定的文化气质，这个因果关系对我来说不存在。

吴琦：联系到您之前提到的学术工作中遇到的瓶颈，我在想，走出或者回应这个瓶颈的一个方法，其实是回到中国的命题，是不是可以这样说？

项飙：是，但不一定是回到中国的命题，而是回到自己作为一个边缘者、回到我是谁的问题。想清楚究竟我能做什么，我跟世界的关系是什么。我认为世界上所有的人都有这个问题，都得搞清楚自己是谁，否则都会有这种危机，除非完全盲目地被主流裹挟进去。

个人危机

吴琦：也许现在应该展开聊聊那次瓶颈，我们提到很多次了，但因为当时我们在谈别的问题，并没有追问下去。好像这是一次很大的危机，对您工作与生活的很多选择都产生了影响，它到底是怎么出现的？在工作中有什么表现？

项飙：主要就是东西写不出来。课题做了很多年，写得总是不满意，因为没有很强、很深厚的想法，没有自己的声音，写起来也很累。这样搞来搞去，想这个框架那个框架，这个理论那个理论，陷入一种很痛苦的状态，已经投入那么多精力去思考，又不能放弃。写别的文章也是这样，总觉得放不开，有点不自然，这是我感受到危机的具体方式。

我尝试走出来，我开始用中文写文章，很多都是回应当下的一些问题，香港问题、知青等等，其实是自觉不自觉地想让自己重新定位。也开始接受一些访谈，比如郭玉洁那次访谈[1]，我没多想，结果谈完之后，同学给我发

---

[1] 《中国人像蜂鸟，振动翅膀悬在空中》，见"正午故事"2014年12月17日的访谈。

E-mail，好像大家看得比较多，发现网上很多年轻人觉得有共鸣，好像对他们有启发，超出了一篇文章的意义，确实引起了讨论和反思，我就非常高兴，找到了感觉。这个对我来说非常可贵，因为我正在为了这个挣扎，看不到意义，说说话还能引起共鸣。我们写英文文章，很难跟公众形成那种对接。所以我很感谢跟中文媒体这几次来往，对我的意义非常大，给了我一定的自信，觉得我的思考工作和写作还是有点意义。

吴琦：具体是做哪个课题时发生的？

项飙：关于东北的。很重要的原因是，当时做这个课题是想把它做成一个很好的学术研究。这个"好"是什么意思呢？根据谁的标准呢？不是东北老百姓的标准，也不是我自己作为一个温州人的标准，而是西方专业化的学术产业的标准。但那个不是我的特长，抱着那样的目的去做，就没有把自己真的引进他们的生活里，看到的东西也比较肤浅，总想得出这样那样的结论、评论，做得很规范，但没有太大意思。放弃了原来那种小乡绅的风格，想去追求认可。为什么会去追求那种认可？就是因为没有小世界。如果我有自己真实的小世界，哪怕边缘，但比较强大，可以互相讨论，不用去找这样的认可。

吴琦：某种意义上《全球"猎身"》也是这样一项在西方学术规范之中的研究，为什么在这次的研究过程中，

个人危机

没有遇到类似的危机？

项飙：做《全球"猎身"》的时候，起初也困惑了很长时间，原因也是带着刻意的学术问题，要调查所谓"散居者"的自我意识[1]，在澳大利亚做，结果效果不好。但在做的过程当中，看到了"猎身"的这种劳务经营方式，打开了思路。其实当时已经隐含了现在这个危机，不过那时我可以在田野里泡着，而且博士论文要求不是特别高，主要看搜集的材料，所以从材料里能够看出一些东西。现在脑子里带的问题更多，框架也更多，在那边泡的时间又少，对材料的熟悉程度不够，所以信心不足。

吴琦：所以您始终强烈地想要回到做"浙江村"研究的状态？

项飙：对，我自己很享受那种状态，但说这个话的时候又有点心虚，因为我有可能做不到。先把这个愿望写下来，有记录，后人就知道教训了。回到乡绅的视角，这个愿望非常强烈。我觉得我写的所有东西，只有描述他们的行为和想法的那些部分，才真正有生命力、有力量、有趣。评论多一点或少一点，都是润滑剂。如果我不在当地泡，就是在说空话，唯一的干货来自人民群众，真的是这

---

1 "散居者"（diaspora）是20世纪90年代以来英文社会科学和人文科学的一个主要话题。以犹太散居者为原型，这些研究强调民族国家和与国家对应的文化不再是组成世界体系的基本单位。

样。但这么做要有很强的自信，要有定力把它做出来，因为要做很长时间，可能引不起关注。

吴琦：说到认可，在我们看来，您的成果发表出来，在牛津大学任教，本身就是一种认可，而且来自西方的认可常常被中国人认为是更高级的认可。这似乎没有抚平您的焦虑，那它到底带来了怎样的影响？

项飙：这个很难讲。我现在有这些焦虑，前提也是我有这么一个位置，如果没有这样的位置，现在还在一个不太知名的学校，为终身教职烦恼，可能连焦虑的能力都没有。所以你说得对，我没有因为这个位置就把焦虑都给模糊掉，但也可以倒过来说，正是有了这样的位置，我才有了能力去考虑这些问题。在这个意义上，我很感谢牛津。

讲一件具体的事情，题外话。我今年管招生，看到很多中国学生的申请，博士、硕士我都看了，我发现很多同学会找一些有名的人写一封很简短的推荐信。另外一个策略是找自己的老师写，我们完全不知道这个推荐人是谁，但写得比较具体、实在。在这种情况下，后者的效果要远远好于前者。我看材料的心理是，找有名的人写一封简短的推荐信，让人觉得这个申请人不太自信，需要拉大旗。信里不能告诉我们任何信息，因为非常简短，很形式主义。要找自己的老师来写，写得很具体实在，我们会觉得这是很真实的人。真实感非常重要。

个人危机

牛津给了我焦虑的条件，也是因为我经历了一些"文化震撼"。我刚到牛津的时候，要写一个研究计划，第一稿把我的导师吓坏了，他说这根本是不可行的计划，问我怎么会这么写。我回去看别人写的研究计划，也吓一跳，非常直白朴素，就像是跟父母讨论一样。这类研究计划的打分远远高于雄心壮志、很正式的那种。这对我也是一个教训。我们在国内写报告，好像就是要高于生活，要写得很拽很正式，脱离生活，如果把吃喝拉撒睡都写进去，好像很不正常。后来我去评别人的项目申请，其中一个申请给我的印象非常深，那是夫妇两个人做同一个项目，他们就特别强调这个项目是夫妇两个人一起做，因为这样可以照顾家庭，同时更有效地分配时间，写得非常具体。我们觉得这种应该回避，因为这是私人生活，但他们就这样写。我看完以后，就因为这个给他们打了额外的分数，觉得他们把计划想得非常清楚、直接，很可信。这是我们应该学习的东西。

再回到前面的话题。不要怕边缘，或者知识不够，把自己的不够、天真真实地体现出来，就会很可爱，不要装腔作势。申请的题目也一样，一定要很具体，如果让我看到你对这个题目有真心的感触，我就更加能够理解你为什么要做这个题目，会对你有信任，信任你会做下去。有的题目显然是从别人那里抄过来的，感觉就不一样。西方强调个人性，我觉得很有道理。政治家也是一样，大家都想知道这个人的生活习惯，早餐吃什么，喜欢喝什么酒，只有知道了你的真实性之后，才可以信任你。当然东方文化在政治上是相反的，这些东西都要被隐蔽，领导人不是个人，他是权力的化身，这就是不太一样的理解。到了牛津，我很感谢他们给我这么一个工作，使得我能想这些问题。

吴琦：和您谈话有一个感觉，就是您进入中国现实和历史问题还是比较从容，不像国内学者的话语那么急切、焦虑，这是来自距离感吗？是不是因为您长期在海外工作？或许也是某种中心与边缘的对应关系？

项飙：在日常生活态度的意义上，可能有关系，因为在国内生活每天受到的压力、干扰很直接，当然会更容易情绪化，更容易下判断。我强调的是要不断切入、进入，那些很着急的人并不切入，而是着急在外面做判断。"距离感"是分析上、方法上的概念，它和切入性是一种辩证关系。距离感不是指对问题的关心程度、对事实的熟悉程度，这些不能有距离感，越近越好，要把自己融进去。但在分析的时候，要有登上山丘看到平原的心态，才会比较客观、灵活、全面。

吴琦：您在国内的时间很少，关注国内问题的主要方法是什么？

项飙：我为什么对非虚构写作那么关心，因为这也成为一个重要的了解国内事实的渠道，我们的新闻报道有很多写得不错，写得比较细，把一个事件来龙去脉讲得挺清楚，这给我很多帮助。随着知识分子和非知识分子的边界越来越模糊，研究者和被研究者之间的合作越来越重要，而且，被研究者的很多想法在分析水平上超越了研究者。研究者越来越成为一个记录者、发掘者的角色，对我来讲这是一件好事。如果做青年研究，通过网络是非常容易的，不用我跑到一个村里去看，他们本身的反馈和投入会成为研究的一部分。研究者要提供更加系统性的资料整理、精确的历史叙述，做到这些都不容易，可能很枯燥，但不能再靠那些创造性的观点来讲一讲就够了。观点属于人民，把观点整理出来，这个就是我们的工作。现在很多人已经在做了，中国社会产生那么大量的话语、自我分析，都是非常好的素材，同时也是我们灵感的来源，甚至就是理论的来源。原来的素材是从村里面来，理论是从图书馆、书里来，现在这个完全被颠覆了。

全球化与逆全球化

吴琦：最近几年，关于美国选举、英国脱欧等一系列国际新闻，国内知识界和他们的国外同行一样，都很重视，情绪起伏很大，觉得全球化的进程遭遇了危机。对于这些事件，您的感受是怎样的？是否影响了您对全球化的判断？

项飙：我觉得比较好玩，在美国有人说这是一次危机，人类最黑暗的一天到来了。在中国，"危机"这个词是80年代很重要的概念，当时的说法是要有危机意识，因为中国可能被开除"球籍"，《河殇》谈的也是文明危机，但这是知识分子自己造出来的概念。什么叫危机？在老百姓的生活实践当中，年轻人谈朋友吹了，可能是危机，炒股票炒赔了，不一定是危机，但如果已经跟别人吹牛说能赚但实际上又赔了，这时候会是危机。危机不仅是失去，而且是一种没法解释的失去。

特朗普当选，会不会造成世界发展危机，这是知识分子自己造出来的问题。我对这些话语很敏感，所谓带着距离感去切入研究，这可能是一个例子。特朗普被选上，这是事实，首先要分析原因，主要是民主党没有认真去做威斯康星那几个州的工作，这几个州的投票结果突然变了，而这也是有原因的，这几个重工业区衰落了。这的确带有一定的偶然性，并不代表整个美国的大转向，要给它一个比例来分析，把握住轻重。毕竟还是有大部分人投了民主党的票。现在说俄罗斯干预，这个有点可笑，说俄罗斯搞颜色革命，美国不是天天在搞吗？

第二，就算俄罗斯在干预，在情绪上有引导，但真正投票的时候人们是很清楚的，对基本的政策、这个人是谁是理解的。我觉得这都是中产在无法解释事实的情况下，拿别的东西说事，夸大了危机。所以应该用一种有距离感的、冷眼看热潮的眼光去分析到底是什么原因。我原先分析，这是两个美国之间关系的调整，一个是全球美国、精英美国，一个是地方美国和平民美国。特朗普代表了平民美国对精英美国的反动。长期来看，特朗普到现在究竟会对全世界的政治格局造成什么效果，还没有很强的证据证明会有灾难性的结局。他不太靠谱，那不很好吗？如果对手不靠谱，你就应该有站到更高处的姿态。

距离感其实就是历史感。有的事件发生了，不要把它在象征意义上做太多诠释，这是我反对的。人一辈子不长，但也有七八十年，如果两三天里有什么事情，也应该放在大的环境下给它一个合适的权重。历史就是这样上上下下在变化，这也是距离感的一部分。我对以赛亚·伯林也有距离感，不觉得他是我的精神导师，但他对世界历史那种有距离感的分析，我蛮欣赏。他不是直接地做判断，总是做提醒，说历史这么发生现在不知道好坏，但有可能的危险是这样的，他是从知识分子的角度提出一个小心的逆动，大部分人被大趋势冲着走，他把这个大趋势看得透，但会在大趋势里给出一个小的提醒。这个提醒是通过很细致的分析和观察提出来的，不是通过想象讲一般的原则，不是简单地提醒说：走太快会撞墙。这也是距离感。

在50年代，牛津有一个很重要的辩论叫"历史是什么"，伯林和左派历史学家爱德华·霍列特·卡尔[1]对怎么看苏联的成功看法不一样。我原先肯定会支持卡尔，但后来我觉得伯林也有蛮重要的观点。简单地讲，卡尔说，苏联已经成功了，历史学家的任务就是解释它为什么成功，我们需要知道这个事实为什么会出现。这当然很有道理，现在自由派认为特朗普当选是灾难性的，就是不看它背后的合理性。而伯林的观点是，我们不知道苏联的成功背后是不是有一定的必然性，一个历史事实可能是很多偶然因素造成的，也不知道最后的结果是什么。今天能做的是根

---

[1] 爱德华·霍列特·卡尔（Edward Hallett Carr，1892—1982），英国历史学家、国际关系学者。《历史是什么》即是他1961年1月至3月间在剑桥大学特里维廉讲座中的讲演集。在这本书中，卡尔不止一次地提到了以赛亚·伯林的名字，并对其观点进行了批评，主要集中在书中第二章"社会和个人"和第四章"历史中的因果关系"。可参看陈恒的中文译本：《历史是什么》，商务印书馆，2007年6月版。

据已有的历史经验、我们自己的道德原则，给人们发出警示，提醒大家可能的危险在哪里，可能会带来什么新的影响，我们要做好准备，而不仅仅是解释既成事实。这两种思路都很重要。

吴琦：特朗普现在还代表着一种反全球化的进程，对本土的保护主义，每个国家都退守回到自己。新的一代人更直接而且普遍地受惠于全球化，他们在欧洲学习和生活，他们对他的反感，有很大一部分来自于此。在您研究全球化的经验中，有没有发现全球化的潮流在转变？

项飙：我倒很想知道他们究竟是怎样感受到这个过程。现在所谓的逆全球化很多还是在话语层面上，特朗普关于关税、环保的政策，现在我们也不知道它的结果。这样的话语本身很重要，它是讲反全球化，但它又是一个全球现象，各个地方都在讲这样的话语，这是不是也是一种全球化？就像20世纪40—60年代民族国家的建立，把原来殖民主义下的统一市场变成各自独立的国家，那也是一个很重要的全球化过程。民族独立是一个全球运动，是一个包括亚非拉在内的全球性的对话和交流。这样去看的话，我不是很明白反全球化的声音对青年朋友的行为或者思考真的有影响吗？如果没有影响，就不要被这样的话语所引导。中国作为大国，一个很大的优势是，即使大家都不搞全球化了，国内还是有很大的空间。全球化、反全球化这个问题可能有一定的虚假性，所谓虚假性是我们还是被新闻中的许多词汇所迷惑。

吴琦：关于全球化与逆全球化的讨论，在国内还有另一种反应，那就是爱国情绪的再度高涨。一部分人为全球化受阻感到沮丧的同时（这个您刚才评论过了），另一部分年轻人却拥抱了一个更加本土甚至更民族性的中国叙述，这个过程和所谓民粹主义在美国、欧洲的兴起，紧挨着发生，也许可以对比来看？

项飙：这个我试着谈一下。第一，关于是不是有逆全球化，要看怎么定义。我们一般认为从苏东解体之后，整个共产主义世界卷入以西方为主导的国际市场，技术兴起，交通工具兴起，所谓"历史的终结"——历史不再靠矛盾对立的辩证运动推动，而是大家都认同一个理念，平滑前进。[1] 现在，脱欧和特朗普是不是意味着对这个进程的反动，国际贸易、国际交流会减少，矛盾会是前进的主要推动力，我还是觉得下结论太早。

英国脱欧其实情况相当复杂，投票脱欧的人，很多是这些年在英国没有得到好处的农村人，生活变得更困难，

---

[1] "历史的终结"的说法，见弗朗西斯·福山著、陈高华译：《历史的终结与最后的人》，广西师范大学出版社，2014年9月。

但是真正倡导的人，鲍里斯·约翰逊[1]等人都是精英，所谓的蓝领加紫袜子。蓝领是工人，紫袜子是贵族。紫袜子为什么要脱欧？这些人是没有民族主义概念的。一个印度作家写过，英国有皇族、有共和派、有种族主义，但没有民族主义，因为英国从来都是以世界看世界，当英国成为一个国家的时候，它就是一个帝国的形式。[2]鲍里斯·约翰逊的说法是，要回到我们当年英帝国的辉煌，我们从来都是一个全球实权（global power），现在为什么要跟这些布鲁塞尔的欧洲官僚打交道。他是有另外一种全球理解。他跟选民也是这么说的，脱欧之后会跟中国、印度建立更好的关系，当然也寄希望跟美国有直接的贸易，把脱欧的成本抵消掉。很难说这是回到了原来以民族国家为单位的格局。从美国的角度讲，摆脱全球化也是很难想象的。因为美国的主要经济都是全球性的，对中国搞贸易战，是跟中国争夺对全球的控制，5G的基本技术等等。这不是两国之间的斗争，而是两个全球势力之间的斗争。因此，全

---

[1] 鲍里斯·约翰逊（Boris Johnson，1964—），先后就读于伊顿公学和牛津大学。在2001年成为英国国会保守党籍议员之前，约翰逊曾在《泰晤士报》《每日电讯报》和《旁观者》杂志担任实习生、记者与主编等工作，专门撰写讽刺性的政论。之后，他成为保守党副主席，任保守党"影子内阁"教育大臣。2008年5月，他当选为伦敦市长；2016年7月担任英国外交大臣；2019年7月24日，成为英国首相，并在2020年1月带领英国脱离欧盟。

[2] Kumar, Krishan（2003）, *The Making of English National Identity*, Cambridge: Cambridge University Press.

球性不会减弱，反而意味着我们今后看问题的全球视野必须更加敏感，而不能削弱，这是第一。

第二，当然也意味着全球格局的具体形态可能确实会发生变化。原来我们认为全球化对中国好像是一条出路。中国讲改革开放，开放比改革重要，越开放就会越改革。邓小平讲，我们要从外面学，用市场换技术，促进内部改革。但今天，全球化不一定是个解决我们各种问题的方案，它可能会带来新的矛盾困境。

你讲到中国叙述，从老百姓的感知上讲，他们觉得有必要讲中国叙述，我们有故事、有材料、有自信、有底气讲这个中国叙述。然而我的意思是，说要把中国故事讲好，这种心理需求本身是有问题的。为什么"一带一路"是一个中国故事？牵涉到那些巴基斯坦人、埃塞俄比亚人，他们怎么讲？这里很复杂。如果跟那些搞外交的人特别是做外经贸、搞工程的人聊，他们有时候是有苦说不出，因为他们是不想把"一带一路"都搞成中国故事的。那样一来，全球注意力都集中在你身上，认为你的投资都是有北京的战略性考虑在后面。但事实上，很多人在国内卖鞋卖不掉，只能去非洲卖，但是到了国外，别人就觉得四川人来打工、河南人来种菜、温州人来卖打火机，统统都跟中建一样，是"一带一路"计划的。中国经济体量那么大，出去一点很自然的，即使上面不提倡，他们也得出去。但是一定要把这些多样丰富的实践讲成一个故事，往往会造成别人没有必要的警惕。

所以中国叙述在我看来是一种比较狭隘的思路，它要靠一种制度框架来界定自我。你是中国人，出生在中国，成长在中国，这是事实，但是你看问题的时候，可以是一个母亲，是一个女儿，是一个六十岁退休的老师，这些都是看问题的视角。你去泰国旅游的时候，可以关心他们退休生活的经历，去欧洲旅游的时候，可能跟欧洲的母亲觉得亲近。更重要的是，你们都是普通人，跟国家权力没有什么关系，对国家政策也不熟悉，为什么要用这个角度去看世界呢？一定要有中国叙述，其实可能是对自己生活的一种不自信，需要一个很大的帽子来戴，这样才会觉得安全。

吴琦：中国叙述是不是可以继续向下拆解？在人类学的意义上，今天有很多人拥抱其中的乡土哲学和日常生活，在政治实践上也曾有过人民的哲学，更久远的还有古代的思想，甚至就目前来看，也有很具体的显著的成就。您觉得哪部分更健康更有借鉴意义？

项飙：把中国叙述化解为具体问题确实更有意义，比如，拿经济、寿命的水平和印度比，至少到90年代，中国都更有成效。但是现在中国整个卫生、教育状况，又有新的危机，失学儿童的数量相当大，农村教育遇到难题，当然也有一些成功经验。这里就需要社会科学的方法来分析了。看到成功经验，就说这是中国的经验、中国特色，那中国前四千年都干什么去了？怎么一度落后成那样？现在的成功背后的原因究竟是什么，为什么教育重新出现危机等等，都要历史地看。它当然是发生在中国这个土地上，有很多中国因素在里头，但不能归结为它就是因为中国所以才有这个结果，其实是很多因素在中国这个场景里合力发生作用。所以社会科学就是要把这些因素解开，我们叫disentangle，一个一个去看，看哪些是核心的因素。

要把中国叙述拆解为具体问题，一个是比较的方法，拿中国和韩国、和原来的"亚洲四小龙"比，跟欧洲比。欧洲可能短期内问题处理不好，而中国动员全省的力量、全国的力量办一件事，当然能办得很好；但问题是说你得看明年，这个事情办完之后，十年以后是什么效果，这方面欧洲做得很成熟。的确是天天抗议示威，人们成天抱怨，这个就是它的常态，也是一种政治智慧。可能没有中国人会愿意去英国当首相，那是一天到晚被骂，不是一般的损，没有一个人夸你。但他们就觉得面对那些挑战，怎样去处理政敌的意见，是考验智慧的时刻，觉得很有趣。这在中国人的文化里是很难去接受的。但过日子不都是这样吗，我们成了家，不是天天都有项目、有成就，也都是早上讨论要吃什么，这个说烧饼，那个说油条。

把问题具体化的第二个方面牵涉评估的方法。成功是从什么角度看？从谁的角度看？按什么时段看？比方说秦晖和吕新雨关于贫民窟的争论，还是有价值的。我们的城市里没有贫民窟，当然是中国一个很大的功劳，但要从农民的角度看，有贫民窟还多了一条生计，贫民窟是他们进城的一步，没有贫民窟连这一步都没了。当然这个例子秦晖没有完全的说服力，因为现在从实证材料来看，贫民窟不能提供太多机会。但是倒过来说印度、菲律宾的情况，贫民窟确实形成一个很大的政治力量，而在中国拆就拆掉了，生活成本不断提高，也造成很大压力。这也是知识分子的修养，看到一个事不会轻易地兴奋，说我们城市化办得好，那就要去问，原来住这儿的人去哪儿了，他们怎么想的，为什么其他国家那些人就没有被清理。老是反着问。反着问也不是故意挑刺，也是一种乐趣吧。我觉得这就是反思，反思不一定要咬着牙，有的时候跟道德一样，需要拿下来放在手里，这样捏捏那样捏捏，就进入这个事情内部去了。

用80年代来批判80年代

吴琦：这个全球化的背景还有一个国内的语境，就是大家对全球化、对开放的现代话语的毫无保留地拥抱和期待，这可能和我们之前谈到的80年代的问题有关，那可能是一个比较近的起点。您对于80年代以来中国社会思潮变化的描述，跟现在国内的一些主流意见也不同。很多人对那个年代抱有乡愁和怀旧，把它描述成一个黄金时代，而到了21世纪的今天，人文精神失落了，启蒙失落了，知识分子从中心到边缘，从神坛跌落，这是知识分子给出的故事的版本。而另外一边，在大众舆论层面，随着互联网技术工具的普及，依然可以引发争论，更多的人可以表达意见，似乎正在挑战这个故事，包括特朗普、民粹主义的兴起都是例证。您对于80年代的认识是怎样形成的？

项飙：我对80年代的看法原来是比较感性的，像鲁迅讲的，"心里不禁起疑"。"起疑"这两个字好可爱，我很喜欢这个词。我喜欢鲁迅的文风，他用的动词、描述的心理状态很真切。我也很喜欢胡适的文字，他是英国式的实证主义、实用主义，文风也很好。有一次高平子[1]的孙子跟胡适说他要继承张载说的"为天地立心，为生民立命，为往圣继绝学，为万世开太平"，胡适就说，怎么叫"为天地立心"，你解释给我听，你的祖父是学天文的，你不应该再引这些不可解的话[2]。说话不能没有实证根据，这些都是没着落的话，只是情绪抒发，在胡适眼里，一点价值都没有。在这个方面，我一定要感谢汪晖老师。我比较自省地形成这种距离，很大程度上是受他的影响，他经过了那个年代，而且他不是精英主义式的，他认为知识分子一定要跟农工结合，走群众路线。

我很高兴知道现在有这个辩论。我觉得原来的群众路线有点被过分浪漫化，而且确实没有操作好，现在也没有看到成功的例子，但今天在思想文艺上的群众路线应该执行，你看社会的媒体化程度和受教育程度，今天的群众已经不是以前的群众了。现在知识分子的工作没有做好他们的工作，如果完全靠群众自发，那不太可能，还是要有工具，有引导。不是去领导他们，但需要把他们组织起来，就像开班会，分一下组，有题目给大家讨论。

---

1 高平子（1888—1970），原名高均，字君平，号平子，别号在园，天文学家，近代中国天文学开拓者。因钦佩东汉天文学家张衡（字平子），故自号平子。孙儿是诗人高准。
2 可参看胡颂平编著《胡适之先生晚年谈话录》，新星出版社，2006年10月版，第77页。

吴琦：能不能具体讲讲"文化热"是如何与生活实践相脱节的？

项飙：这听起来很奇怪，因为80年代那么多思想辩论，那么多反思，很多知识分子怀念80年代那股热情。我在这里不否定那个重要性，同时又要提醒，今天我们可能不值得找回80年代的激情，现在我们要做的是更加在地的、更加具体的反思，跟大众经验直接相关，跟政治经济学的分析相关，跟对技术的理解相关。回到90年代早期王元化[1]说的"思想退出，学术兴起"，现在我们去看，所谓学术和思想，其实完全可以结合在一起，而且今天的思想必须要有学术调查、研究、缜密的思考。其实就是要把究竟发生了什么讲清楚，而不是说应该如何，所谓顶层设计这种说法，我不太同意，因为这个是很难的。当然作为政治家，他们做重大决策的时候，必须有判断，有方向性，但那个不能叫顶层设计，只是一种战略性把握。汪晖老师描述80年代知识分子之间辩论用的词是"姿态性"（gesture），当然他不光是指80年代，而是说中国知识分

---

[1] 王元化（1920—2008），生于湖北武昌，祖籍江陵，是一位在国内外享有盛誉的学者、思想家、文艺理论家。曾任中共上海地下文委委员、代书记，主编《奔流》文艺丛刊。50年代初曾任震旦大学、复旦大学兼职教授，上海新文艺出版社总编辑，上海文委文学处长，1955年受胡风案牵连，至1981年平反昭雪后，曾任国务院学位委员会第一、二届学科评议组成员，上海市委宣传部部长。曾为华东师范大学教授、博士生导师，杭州大学名誉教授。

子总体上姿态性很强。我觉得他这个描述是很精确的，我们确实很多人老是在摆姿态，讲不清楚事情，就给你一个论断。

吴琦：脱节的原因又在哪里呢？

项飙：80年代这一批人跟知青很像的，我在《知青年代》里也写过，知青不是知识青年，主要是指在大中城市受过教育的青年，而且最后知青代表都是跟高干子弟联系在一起。大家一讲知青，首先想到的是上海知青、北京知青。这里有很多事情，女知青被村干部奸污这种故事流传了多少年，完全是不成比例的（out of proportion）。奸污当然是犯罪，但那种故事一再流传，背后是有一定意义的，指向的是农民和城市的关系，是一种知青受难的述说。女知青是最纯洁的，结果在农村里被村干部糟蹋，最美的东西被最丑的东西给毁灭掉，文学的叙事结构是很清楚的，是典型的古希腊意义上的悲剧，效果也非常明显。

80年代反思的很多问题很重要，在那个历史阶段下，有这种激情也完全正常，很可贵，是历史的一部分。当时有个说法叫"知识界"，我对它的诠释是，当时没有国家和知识界的分野，最重要是精英内部的分化。为什么会有分化，原因就是当时的精英变得越来越姿态化，比方说上海的《世界经济导报》就在争论整个公有制是不是应该废除，从操作角度那是不现实的。

吴琦：这跟今天的情况很像，大家都觉得民粹主义意味着大众的兴起，但其实民粹的背后还是精英，又是精英内部新的斗争。如果要和那种精英姿态划清界限，脱离掉既定的知识界、文化圈，我们的位置又应该在哪里呢？

项飙：又有一点不一样。80年代大家认为知识分子是民智的代表，有很强的道德色彩，代替国家说话。现在知识分子觉得自己也就是一个社会群体，赚钱过好生活，也不想代表了，没有知识分子站出来代表。90年代之后，有一个很重要的提法是知识分子边缘化，他们不再是精神导师了。当时我刚进大学，学到的一个词是"世俗化"，原来大家讲精神上的热情，现在讲大家要务实，这是现代化的总体趋向。比较典型的一个人是刘再复，他说在美国大家都觉得打篮球的比大学教授厉害，在机场大家都让篮球运动员或者明星签字，他说这个很好，商业化促进了民主参与。我当时是很同情这种说法的，因为反感那种高调姿态。

但今天的情况，不止是边缘化，而且是孤立化。大学老师变成了一个职业群体，而且是一个比较不讲职业道德的群体。其实不用讲什么知识分子、精神导师，一个吧台服务员也有职业道德。当时我期待，知识分子边缘化之后会变得更加有机，不再是纯粹的抽象的知识分子，而是都有具体的身份，是老师首先就教学，有深度，有专业精神，把学术做出来，重新出现有机性。有机就是有限的，跟社会是以某一种特定方式联系在一起，不可能是总体性的思想概括。现在这一块没有发生，但是往狭窄化、专业化发展了。我自己对知识分子这个角色没有什么太大的期望。葛兰西[1]说的真正的有机知识分子，是技工、农技推广员、赤脚医生、搞底层写作的这些人，他们的能量其实是很大的。因为今天很难让大学老师包括我自己对社会生活做一个非常切实的理解和描述。要真正一针见血提出问题分析问题的，真的要靠在里面的人。[2]快递小哥也要想事情的。我们有这样的人，而且我们有这样的渠道，我们要鼓励他们多写东西。

吴琦：那么在您这里，80年代的精神遗产是什么？

项飙：对我来讲，80年代的很多口号，那种大胆质疑的态度和气质，要求做制度性、结构性的变革，这都是80年代的精神遗产。那是精神层面的东西，从很强的原则出发，觉得现实应该超越，应该改变，指点江山、激扬文字的感觉。如果没有那个洗礼，没有那笔精神财产，我不太会对这样的宏大叙述产生什么感觉。我们比较容易对这些

---

1 安东尼奥·葛兰西（Antonio Gramsci，1891—1937），意大利共产主义思想家，也是意大利共产党的创始人和领导人之一。他创立的"文化霸权"理论对后世影响深远。
2 对于怎样做一个有机的知识分子，项飙在2020年5月17日"后疫情时代的青年"沙龙中也有详细的阐述，可参看相关报道。

东西感到兴奋。这就有两面性，到底是好的还是坏的不好说。特别是要跟西方学者做对比的话，好的是我们看到的东西比较大、比较多，永远不满足于一种简单的对现状的解释，要提出体制性、结构性的批判，但这样就使我们失去了对现实更细致入微的观察，急于要跑向比较抽象层次的叙述。

更大的问题是，这些精神遗产为什么没有积累？没有形成一个很好的生态系统？ 80 年代的那股风潮、那股气质太单一化了，没有跟别的气质结合起来，把别的气质全部给抹煞掉了。就跟我们之前讲北大的自我英雄主义一样，自我英雄主义很好，但也要和别人对话，形成丰富的生态系统。大家都跑去激扬文字，能激扬出什么东西来？马上就空洞了。现在不能把这个一锅端，否定掉，毕竟那是客观的历史存在，经历过"文革"、"上山下乡"的 80 年代的一代骄子，他们的自我、自信、自负，都是很好的传统，关键是怎样把别的风格也培育起来。

吴琦：是否可以说，您自己的研究一直和 80 年代的主调保持了距离？

项飙：在具体的观点上是这样的，但另外一方面，如果没有经过 80 年代的阅读，我就想不到自己能一个人在大二的时候，大冬天里坐公共汽车到木樨园去"浙江村"，这是一件浪漫的事，如果出于现实的考虑就不会做。80

年代对我影响还是很大的，那种冲动，对现状不满，要做一些惊人之举，主要是一种精神气质，没有方法、理论上的价值。

吴琦：这也补充了您对反精英主义的论述，并不是全盘否定式的？

项飙：那种超越感，批判老师的精神，都是80年代的精神，否则也就不去批判，自己挣钱去了。一般人认为80年代是一种理想主义，这个词我觉得还是比较精确，所谓理想主义首先就是一种超越，存在的价值就是对现状的超越，就是追求现在不存在的东西。其实西方学者有不少也是这样，那种强烈的不满足，上次看《浮士德》，也有这种气质在里面。但80年代又和西方不一样，主要不是个人气质，而是一种理想，要对自己的传统、生存方式做批判性的反思，从而重新开始，这个精神还是很重要。在这个意义上，我是用80年代的精神来批判80年代的思想，也是一种叛逆、超越和理想。具体来讲就是大胆，不服从权威，这些都是80年代的东西，可能也是北大的。

北京访谈

什么是批判

吴琦：汪晖老师对您的影响具体体现在哪些方面？还有哪些学者曾经给您比较大的影响？

项飙：具体问题上，比如说对80年代的看法，在更广泛的意义上，汪老师的视野、新的想法让我受到启发。汪老师是一个立场坚定、鲜明的学者，他的立场不是一个简单的姿态，不是标签性的东西，他对具体问题的分析是很开放的，不会有先入为主的判断。再一个是汪老师特别强调进入历史内部，这种和历史对话的方法非常敏感，又很活，看他怎么做、怎么想，对我们很有启发。

另一个对我影响比较大的人是杜赞奇[1]。杜赞奇最早是因为彭湃[2]而对中国发生兴趣，为什么地主家庭出身的人能够反叛自己的阶级，回家分田地搞土地改革？其实杜第

---

1 杜赞奇（Prasenjit Duara，1950—），印度裔美国历史学家、汉学家。拜汉学家孔飞力（Philip A. Kuhn，1933—2016）为师，曾任教于美国芝加哥大学历史学系及东亚语言文明系。现任新加坡国立大学莱佛士人文讲座教授，兼任新加坡国立大学人文学部主任暨亚洲研究院院长。其《文化、权力与国家：1900—1942年的华北农村》，曾先后荣获1989年度的美国历史学会费正清奖以及1990年度的亚洲研究学会列文森奖。

2 彭湃（1896—1929），原名彭汉育，出生于清末广东省海丰县一个地主家庭，中国共产党早期领导人之一，民国时期中国农民运动的领导人。彭湃认为土地和农民问题是1920年代初中国诸多社会问题中最根本的问题。

一个学位学的是商学，出生在比较优越的家庭，从小喜欢音乐，也是慢慢地转变，对我们来说有很强的可学习性。

第三个对我影响很大的人，就是我在新加坡的朋友瓦妮，她比我年纪大很多，六十多岁了，没有正式的工作。原来她给一个杂志做编辑，后来经过别人的介绍，帮我编辑英文写作。她对我最大的帮助和启发，是让我看到了一种思想知识的有机性。她不是专业性的学者，但她对具体的地理、植物、医药知识和哲学、艺术都很感兴趣，对现在的政治和经济问题也有分析，很自然很贴切，对世界充满着批判性的好奇。她去看，去分析，不断地换视角，这么看又倒过来看，很有趣。她是非常另类的人。她来自非常优越的家庭，接受过很好的早期教育，原来在新加坡外交部工作，因为政治立场太左，在冷战期间强调新加坡外交要从第三世界的利益出发，高层不能容忍她，她就辞职自己做一些文艺工作，完全放弃物质生活上的追求。但她的生活有乐趣，对各种艺术有欣赏能力，让我看到艺术的重要性。

吴琦：艺术的重要性怎么说？

项飙：我蛮幸运的，原来学过画画，有一点基础，但对音乐的了解完全为零，这是短板，很难在成年后再训练。从认知科学的角度来讲，音乐跟数学紧密地联系在一起，因为它超越文化超越语言，所以叔本华这些人都觉得

北京访谈

音乐体现了人类大脑的某种内在结构。为什么我们所有人都会觉得某一种音乐很和谐，比如肖邦的钢琴曲，很难用别的东西来解释，似乎大脑内在结构就是这样。音乐的训练可能对大脑平衡、心理平衡都很重要。女作家伊娃·霍夫曼[1]小时候弹钢琴，她认为弹钢琴非常重要，是因为精确性，如果在音乐上有一点点小错误，是不能够蒙混过关的，有半个音节错了就是错了。这和数学一样。但在严格和精确的基础上，又可以有很大的发挥空间，是一种可以让人心智放松、超越语言的美。我比较强调这种精确性和严格性，对我们社会科学研究或者创造性写作、非虚构写作来说都很重要，没有精确的技术，很难达到那种看上去艺术化、有创造性的东西。任何东西都是一点一点做出来的，所以要重视创造的物质性过程。

物质性包括你在哪个空间，坐下喝什么茶，用什么纸在写。好像是布罗代尔[2]也讲，看上去很大的一件事，比如全球性的远程贸易，要仔细往下看，都是由很多小的环节

---

[1] 伊娃·霍夫曼（Eva Hoffman，1945—），美籍波兰犹太裔作家。与双亲逃过纳粹大屠杀后移民加拿大，后于美国求学。曾于哥伦比亚大学、明尼苏达大学、塔夫茨大学等校任教，并曾任《纽约时报》编辑、《纽约时报》书评版主编。其著作《回访历史》2018年由南京大学出版社出版。

[2] 费尔南·布罗代尔（Fernand Braudel，1902—1985），法国年鉴学派第二代著名的史学家，强调长段历史研究和人的物质生活变化研究。代表作品为《地中海与菲利普二世时代的地中海世界》《十五至十八世纪的物质文明、经济和资本主义》等。

构成的。郑和下西洋也是一样，中国到东非去，不是一个抽象的中国和东非，那些船必须开过很多沿岸，一步一步开过来，一定要看整个物理性的过程。如果这样去想，也是一个比较好的工作方式和人生态度。

很多东西都是联系在一起的，比如我们说的艺术和法律过程、律师制度都有关系。我小时候觉得律师制度很奇怪。这个人是不是坏人已经很明显，为什么需要律师在那里辩护。但"辩"这个概念很重要，就是说一定要假设我们不知道事实的过程是怎么回事，然后通过"辩"来把事实过程明晰起来。过程明晰之后，我们可能会发现那些明显的结论可能都是错的！学术也是这样，不能靠直觉去判断，一定要去证明它，要去展示结论是怎么达到的。往往越是明显的结论，越难去证明，但是一旦证明了以后，会是很大的贡献。比如一加一等于二，怎么去证明？为什么需要证明？但证明了以后，把它过程化，会对很多基础理论产生影响。

当然我不是要过分强调程序正义，因为我在实证调查里发现，程序正义其实会被那些有法律资源的人利用，他们会操纵那个东西，但作为一个基本概念，我接受它。接受结果是因为有过程，这样我才跟结果建立了某种实在的关系，哪怕存疑。研究和人生也是这样，永远是一个开放的对话过程。研究就是要参与对话，改变对话的方式，提出新的对话的问题,这个过程本身最重要。

吴琦：您提到了许多左翼学者和概念，但看您之前的访谈和论述，印象中似乎没有正面地使用过左翼这个词，这可能和您的讲述方式也有关系，很少去阐述自己的立场，是没有这样的机会，还是不希望做这样的声明？

项飙：首先，我觉得没有必要在这样的意义上去谈一个总体的立场性的左翼。在很大的思想谱系里给自己定位，我一直没有这个需要，也没有这个能力。我自己的特长是很具体地进入问题，找一个接口，看它的矛盾。所以我的看法、想法都是跟具体的问题、对象有关。我的做法是看事情本身的矛盾，这个矛盾对哪些当事人是重要的，他们自己又一下子解释不了，那么我试着参与进来。

吴琦：在您试图理解他们或者进入矛盾的时候，有时也必须要选择其中某一方的视角或者立场，或者是不自觉地就更认同某一方，这种情况怎么办？

项飙：弱者和强者如果有矛盾冲突，显然每个人都会站在弱者这一边。因为我的专业工作还是社会调查、社会分析，最重要的概念是"关系"，所以我要讲的不是弱者值得保护，最重要的问题是弱者为什么弱，它显然和强者为什么强是同一个问题，必然是一个历史形成的过程。作为公民，作为一个人来讲，我的结论站在弱者这边，但我实际要花大量的时间去做的事情不是去站队。比如，弱者确实有很多毛病，说毛病不是去批评他们，是历史塑造了他们的局限。

吴琦：那您是否追求研究的批判性？

项飙：法兰克福学派[1]很重要，它展示了，批判理论重要的一点不是把事情解释没了，相反，当人们觉得没有问题的时候，它通过解释让大家发觉这里有很大的疑问，所以要把问题解释得越来越多。当然要把复杂的问题解释得简单，让大家明白，不是搞得越来越复杂、越来越模糊，但是也要把原来看似比较平静、已经平衡的格局解释出有内在的矛盾、潜在的问题，点出在里面不合理的地方。这里的批判不是说批评某一个群体做得不对，有道义上的责任，而是要挑战现在形成的认知格局。我们成型的认识必然是主流的认识，所以批判理论需要包括很强的自我批判。

吴琦：我大学时受到批判理论的影响很深，应该说影响了此后的许多选择，但最近的感觉是，上一辈批判知识

---

1 法兰克福学派是以德国法兰克福大学的"社会研究中心"为中心的一群社会科学学者、哲学家、文化批评家所组成的学术共同体。被认为是新马克思主义、西方马克思主义的一支。德国法兰克福学派横跨了从法西斯主义德国到消费社会的美国这样两个典型的社会脉络，其理论诞生于1923年，最大的特色在于建立所谓的批判理论，相较于传统社会科学要以科学的、量化的方式建立社会经济等等的法则规律，他们则更进一步去探讨历史的发展以及人的因素在其中的作用。阿多诺提出的文化工业、马尔库塞提出"单向度的人"、哈贝马斯提出的沟通理性等，都是批判理论的重要概念。

分子的声音正在和青年群体失去联系，好像今天的年轻人已经不太愿意去靠近他们的世界了，也不知道怎么接近。这里面可能也有批判理论需要自我批判的部分。

项飙：你具体说一下困难是什么？是关心的内容不一样，还是方式？

吴琦：我觉得是关心的内容不同。比如学术界在讨论、关心拉美、中东发生了什么，但对年轻人来说，为什么要关心拉美，它和我个人的关系是什么，这些前提性的问题没有得到解释。在我对戴锦华老师的访谈里，她提到她第一次放弃了与年轻人沟通，因为她发现这当中出现了巨大的裂痕，现在的年轻人的个体性太强了，以至于他们的世界里容不下对他人的感知，他人只能是对于自我的一种工具。我的判断可能没有那么绝对，但我的确感觉问题的框架变了，在我周围的环境里已经没有人谈论他人、平等、公平这些概念，或者说谈论这些概念不再是自然的事，可能还讨论爱，但也越来越特指爱情，至于亲情什么的，正在成为某种前现代的遗产或者重负了。

项飙：这也是我现在想知道更多的，青年人究竟怎么去想这些问题。首先，个体性和公共意识总是联系在一起的。有的时候这个联系不明显，我们要去找。举个"屌丝"这个说法的例子，它是很个体的，但又是完全基于平等的意识形态。他说，我是一个失败者，成为屌丝，并不是因为自己无能，而是社会如此不公，我认了，但我嘲讽你。如果在印度，低种姓的人不会称自己是屌丝，因为能够把自己叫作屌丝，其实是有能动、有力量、有批判性的。所以个人把自己定义为什么样的个体，背后都有一定的社会公共意识在里头。这里头可能就有正能量。我比较愿意去看这些正能量。当然，很多印度低种姓群体现在在政治上很强势，他们用梵文的"原住民"（Adivasis）和"分散者"（Dalit）称呼自己，体现出高度组织化的能动性。这个时候我们可能要倒过来看，看看这种已经彰显的集体性的正能量和个体日常生活怎么联结？

我们确实没有办法讨论一般意义上的平等和爱，这些都是具体的，必须要从他们的经历出发。爱情问题不能没有原则，但是只讲原则不讲具体情况你也会被搞糊涂掉。最近《四川日报》还发表了一篇特约评论员文章，担心剩女太多，说你们要求不要太高，不要太浪漫，否则永远找不到合适的，BBC还作为国际新闻报道了。但另一方面婚姻市场上又有工具化的现象，对我这个年纪的人来讲，看到现在二三十岁的年轻人寻找配偶时的那种功利计算的现实，触目惊心。我们大学时候的爱情完全不考虑这些东西。现在青年人都觉得爱情很崇高，他们要追求，但在现实中很迷茫，要考虑这个考虑那个，于是爱情又很脆弱，像美丽的玻璃球一样容易破碎。如果我们能够提供一些语言，帮助他们把握他们生活的复杂性，看清楚主要矛盾在哪里，就能介入他们的世界，也许对他们有用。

比如柏拉图说，爱使你回归原来的人性。原来我们两个人是一体的，构成一个完整的人性，后来分开了，爱让你找回你的另一半。这听起来是很浪漫的语言，但其实跟人类学的很多想法一致。西方现代个人主义认为生活的起点是个人，然后有群体、有社会，涂尔干[1]和莫斯[2]这些人认为这些想法是西方很局限的想法，世界上很多社会根本不这么想。首先是有图腾，图腾是群体的偶像，它定义了整个群体，而只有定义好群体之后，才知道有个人。个体意识来自群体意识，群体意识是个体意识的前提而不是结果。澳大利亚的土著数牛，不是一头一头数，"一"的意思是指一群牛，指一个部落，部落里的人是一个小"一"。柏拉图的爱情概念也是说人自己本来是不完备的，一定要跟别的主体结合。

---

[1] 埃米尔·涂尔干（Émile Durkheim，1858—1917），法国犹太裔社会学家、人类学家，与卡尔·马克思及马克斯·韦伯并列为社会学的三大奠基人，《社会学年鉴》创刊人，法国首位社会学教授。

[2] 马塞尔·莫斯（Marcel Mauss，1872—1950），犹太人，法国人类学家，是埃米尔·涂尔干的外甥。他是现代人类学理论的重要奠基者之一，有"20世纪法国民族学之父"之称。莫斯以其渊博的民族学知识和卓越的洞见，对人类学的交换、巫术、身体等研究领域作出了开创性的贡献。

什么是批判

阿兰·巴迪欧[1]也给我们提供了很有意思的工具，他觉得爱就是把一个随机的事件变成一种可持续性的事实，所以爱是每天的工作，一开始是一见钟情，这个火花要保护好，关键是怎么把这个火继续烧下去。这就要讲柴米油盐、讲按揭、讲父母老了怎么办等等问题，这就是政治经济学和社会学的问题了，完全公共性的。所以从这里开始就可以杀出去，去谈你跟其他群体的关系。

对公共问题的讨论确实不能强加。年轻人没有意识到的东西，突然去讨论，他们完全有道理反感。年轻人真的不注意大议题吗？2000年《切·格瓦拉》[2]的热潮，强烈地反映了年轻人需要一种新的话语、新的社会想象，至少是一部分青年，这非常可贵。但问题在于，它里面很多台词和讨论也不是没有问题。比如说它有一句台词说后现代主义、女性主义，说这些都是西方的反动的东西。问题不在于它误解了女性主义，而是如果要是抽象地去站队批判，那么就很成问题。你要谈压迫，那什么是人类社会里

---

[1] 阿兰·巴迪欧（Alain Badiou，1937—），巴黎高等师范学院前哲学主席，欧洲研究院教授，与乔治·阿甘本和斯拉沃热·齐泽克一样，巴迪欧是大陆哲学部分反后现代主义的重要人物。

[2] 《切·格瓦拉》是张广天导演、黄纪苏编剧的一部话剧，于2000年4月在北京首演。该剧以拉丁美洲革命家切·格瓦拉的生平事迹为线索，对革命者浴血换来的新世界正经历的种种变化进行了反思。该剧首演后，在社会上激起了较大的反响，并被评为当年"中国知识界十大事件之一"。

延续时间最长、最普遍的压迫？那就是性别的压迫。黄纪苏有一次和观众对话讲，"我们既然要谈切·格瓦拉，还管你是女性男性！"大家鼓掌，这个就很令人震惊，很多人完全是被一个抽象的"压迫"概念所激发，不去考虑在事实当中压迫都是以很具体的方式去实现的，包括性别、年龄……

我那天听到一个很有意思的例子：在印度一些农村，穷人可以挖井，富人也可以挖井，表面上看没有压迫，但有一个潜规则，富人挖的井深度是穷人的两倍，所以旱的时候，地下水全部到富人那里，只有在水非常充沛的时候，穷人才有水。井的深度这些细节是非常重要的，它是通过什么神话或者迷信的方式把这个细节落实下去，并且赋予意义，这个我们都要去调查，才知道什么是压迫。这样的故事还有很多，比如在解放前的温州，出海捕鱼的渔民是一个特殊的群体，不能与农民通婚，只有在非常落魄的情况下，农民才会跟渔民通婚。如果是渔民的话，女人衣服连襟的方向都是反的，要往右走，让大家远远一看就知道是贱民，分化到了这个程度。要把这些具体的东西讲出来，去考虑为什么在那样的社会里要划分得那么绝对，甚至在服饰、发髻的样式上，要故意强化出来。即使是遥远的东西，当你把它讲得具体之后，我相信大部分听众不管年轻还是不年轻都喜欢听，因为它变成了故事。热烈的话语可能过一阵就降温了，但是这些具体的故事会留在人们脑海里，会慢慢改变大家对日常生活的感知，生出一种新的"生活感"。

理解的学问

吴琦：您很强调"理解的学问"，事实上我们在日常生活和学术研究中也经常试图跨越人和人的界限去理解，可是结果有时令人沮丧，有人甚至断言理解是不可能的。您怎么看？

项飙：我的回答是相反的，理解是很自然的，不难，但是我们常常有意无意地拒绝理解。重要的是怎样不去拒绝理解。想一想，我们是不是觉得一般的朋友之间有时比较容易达成理解，但最亲近的人比如说对父母反而不理解。我就在想，真的是不理解吗？他们真的不知道你在想什么吗？我的感觉是他们当然知道，他们不是不理解，他们完全具备理解的能力，而是拒绝理解。比如在性取向和婚姻的决策上，这是非常典型的例子，她要嫁给他或者他要娶她，这个有什么不好理解的？但为了财产关系，为了邻居的看法，为了自己在社会上的光鲜等各种各样的原因，而拒绝去理解本来非常容易理解的事情。理解是人的本性的一部分，作为心理机制，一点都不难，如果说理解有难度，其实是一个位置问题，看你愿不愿意把自己摆在对方的位置上。很多情况下人们拒绝这么做，因为有利益在里面。

在这个意义上，我觉得学术研究其实不难做。什么叫"理解的学术"，不一定要把对方的心理机制像心理分析师一样写出来，主要就是位置的问题，把他在这个社会的位置讲清楚，把他所处的关系、所处的小世界描述清楚，大家自然就理解了。在这个意义上，理解就是主体间性。理解确实要建立在了解的基础上，了解就是实证调查。要真的懂你，聊一聊是不够的，因为我不知道你从哪里来的这些感觉，所以一定要知道你的世界。从了解开始，才能真正地理解。学术的任务就是在了解基础上的理解，通过理解，再做出解释，理解了之后，就知道更大的世界怎么构造出来，才能够解释一些问题。但我比较排斥诠释，诠释是自己有点想象性，要给材料赋予意义，我觉得实证研究里比较重要的是理解和解释。

吴琦：更具体到研究过程中，通过访谈或者观察，完全能够理解对方吗？能不能用您自己的研究作为例子，怎么去突破那个界限？怎么处理比如那种言行不一致的情况？

项飙：从原来的人类学来讲，这是一个比较容易回答的问题，因为我们做的大部分题目是没有自己文字的民族，他们没有形成自己的文字历史，很多话语讲出来也是很怪，好像非理性的，所以就只能通过观察。但在今天的情况下，言行不一致不是一个要突破的问题，而是一个——用我的话讲——"要拥抱的事实"。社会就是靠很多言行不一致构成的。我们要观察的正是具体怎么个不一致法，不是说他们不一致就是在骗我。如果调查方法不当，当然有的人就想打发你，那个不是我们讨论的范围。即使他们比较放松，有的时候是他们自己骗自己，这种情况就很多了，特别是赌博或者是吸毒的人，想戒又戒不掉，经常会有这种言行不一致，还有腐败的官员，等等。你也不能够认为他的"言"就完全是假话，他的"行"也不一定都是事先预谋，要把他的言和行都看作是他的行动。

举一个小例子，我现在研究清理流动人口问题，这里面言行不一致太多了，官方的用语仅仅是幌子吗？重要的是要处理其中的矛盾，重要的是要处理其中的矛盾，也就是言行究竟不一致在哪里。既然他这么说，说明他认可这种说法，我们可以拿这个说法去推进进一步的变化。同时我们要看究竟在哪些地方这些说法没有落实，要改变现实，这些矛盾就可能会是切入点。我的初步分析的结果是，矛盾的关键不完全在于政府和城市社会对外来人口的歧视和排斥——这是大部分人的看法；矛盾也在政府内部，不同部门、不同层级对土地使用的不同态度。清理在很大程度上是对地方政府和部门把土地使用权商品化的清理。有没有理论或者方法让我们能够解释为什么会同时这么做，因为今后政策还会变化。如果我们要有所提高，这个矛盾可能会是一个抓手或者切入点。

吴琦：一般我们或者媒体处理这种矛盾的方式就是愤怒，我为你们这样的自相矛盾而感到愤怒，你们做错了，明明在用公然的暴力做错误的事情，还用堂皇的语言去遮掩，然后迅速地站在你的对面，和你划清界限。然后就会发现这种对立会让问题变得很难解决。

项飙：所以我的意思是说你要进到里面去，看这个自相矛盾究竟为什么会出现，为什么当时会堂皇地去说这样的语言？

吴琦：您说的这种理解和解释的学术工作，可能导向什么样的社会行动呢？或者它需要导向社会行动吗？

项飙：可以比较明确地说，我不是要特意排除行动的可能，但行动完全不是我们可以计划的。我觉得自己的工作主要还是思想工作，提供工具让大家看让大家想。特别是在今天的情况下，采取行动一定要由个体、由青年人自己做决定，我们很难提供行动方案，所有激烈的社会行动都是如此。当然列宁说我们是先锋队，在群众还没有觉醒的时候让他们觉醒起来。但在一般情况下，都是群众先发动。我觉得今天的青年不要急于行动。更重要的是自己每天的生活方式、选择、取向，一定要形成某种声音。

吴琦：您说到声音，我想到两种具体的声音。一种是您也提到的鲁迅的声音，在今天的互联网上，在年轻人中间，依然有直接的刺激作用。另外一种声音是像范雨素这样来自更广泛社会群体的作者，他们的声音也能迅速地引起共鸣。您怎么看待这两种声音？他们的声音和您前面描述的那种打破边界、寻求对话的学术工作是否有什么联系？

项飙：还不太一样，我说的要挖掘出来的声音，是把现在普通年轻人每天日常生活里的智慧提炼出来，让它成为一种声音。鲁迅的声音当然是一种激励、启发，来自我们的生活之外，但它是能够被我们生活所吸纳和吸收的源泉，是一个资源性的声音。

范雨素的声音也很重要。令我想到前面我们讲的中心和边缘的问题。范雨素的文章非常好，让大家看到普遍的又没有被注意到的人生经历，这样的东西越多越好。但另外一方面，范雨素引起共鸣，其实跟中心与边缘的关系很有关系，这是我的解读，我没有证据。你看她的文章以及后面跟进的评论，最感人的一点在于，范雨素原来是这么一个才女，小时候把唐诗三百首都背齐了，《红楼梦》也看了，能够写出这样的文章，居然落到这样一个境地。大家的关切并不是她作为普通劳动者的劳动生活，而是，她本来应该在中心，结果落到了边缘，有一种悲剧感在里面。很多城市青年对范雨素文章的看法，看到的不是坚实、现实、黑泥土一样的生活，内在的痛苦和挣扎，没有什么悲剧也没有什么喜剧的活法，而是从中心看一个对中心充满欲望的边缘，里面有悲剧感，有自我提醒，又有自我强化。很多人在评论中不约而同用的一个词就是"命运"，都是"不认命"的态度。

吴琦：过分强调"理解"，是否会很容易演化成一种"存在即合理"的态度？

项飙：不是这样。你看到一个人很狭隘，很凶残，甚至犯罪杀人，一种回应是说这是个坏人，是个恶魔，生来如此，本质如此；另一种回应是想：他怎么会变成这样？是和小时候的什么经历、现在的什么生活境遇可能有关系？这样我们也就必然要想到社会的大环境，要去想他的内心活动，他怎么想怎么感觉的。这样的理解，显然不是说认为狭隘、凶残就是可以接受的了。只有通过这样理解，我们才知道我们应该怎么面对这些社会病态：不能把人一棍子打死，要考虑如何沟通，否则对罪犯就只有放纵和消灭两种态度了，没有教育改造一说了。同时，如果我们理解了,我们自然会在别人身上看到自己的影子:我们自己是不是也在变得很狭隘、变得不耐烦?

吴琦:那么当我们说社会科学具有深刻性的时候,到底意味着什么?

项飙:深刻总是相对的,因为我们提出的见解不只是对这个问题的见解,真正的基准点(reference point)其实是另外的见解,关键是你这个见解和其他见解之间的关系。"深刻"是精确地把握住现实,同时对别的见解形成批判性的再认识。这不是说把别人的理解简单推翻掉,别人也有别人的道理,尤其是很多见解存在了那么多年,大家都觉得说得不错,背后也有道理。所以深刻是一种理解,不仅是对一个现象做出了很精确的把握,同时也理解了其他理解的不足,让你学会今后在理解类似的事情上,应该有什么样的方法。"深刻"是多重的主体间性[1],和调查对象之间,和其他人、和权力的关系,也是一个网状的生态,要把自己放在知识生产的体系里,才有这种深刻性。深刻不能靠推演出来,它是生态性、多样性的,必须要靠浸透。

---

[1] "主体间性"这个概念,也被翻译为"交互主体性"或"共主观性",是对胡塞尔文本中"Intersubjektivität"的意译。其大意主要指涉自我与他我、他者的关系,这里既有我与他、我与你的关系,也有我与我的类——我们的关系,同时也涉及两个或者两个以上的主体之间的共通性、共同性,以及彼此间沟通的可能性。

吴琦：还有一个词，说一个人说得"透彻"，或者活得通透，我觉得这些概念背后都有一种倾向，好像我看得足够多足够清楚了，于是我什么都不在乎，结果要么是尽情的放纵，要么是彻底的虚无，从我的角度，或者是我的年纪，还不能完全体认这样的感觉，总觉得事情还能改变，不知您现在是什么态度？

项飙：那种通透是不成立的，如果这样的话，世界就不改变了，历史就是静止的。事实上世界一直都在变，通透的人怎么去解释这个变？如果说一切都是随机的不可言说的，那是反历史的。深刻是从网状知识结构中来的，而那种犬儒式投降式地回到自己的小世界，买完菜、做完饭，其他什么都不管，只是消极地用最小耗能法去应对，生命也可以维持下去，但就停止思考了。那就把生命的活的网变成一个死的点。

Title: 牛津访谈
Date: 2018.8

我们在牛津谈论牛津，以及他在英国、新加坡、中国香港、澳大利亚等地生活和工作的经历——在流动中研究流动。这是全球化时代的典型示例，无尽的远方和无穷的机会似乎都与我们有关，而项飙老师认为，这反而应当刺激我们更坚决更深入地扎进本土，扎进具体问题。这里我们提出了"个人经验问题化"的思路，这本书的书名就由此而来；他也继续与知识群体对话，强调实证研究，希望打破学科内外的壁垒，打破对权力的迷信与服从，构建新型的团结。

访谈之前

吴琦：接着我们在北京的谈话，很多问题还是需要继续展开，才会让这个访谈更完整。前一段时间在看雷蒙德·威廉斯（Raymond Williams）的访谈录《政治与文学》[1]，它的分类比较清楚，有的部分只谈父母和家庭生活，完全是叙事性的，而谈到研究就只谈研究，那种体例就不大适合我们的谈话。您讲述的方式也不是这样的，会经常从个人的生活跳到一个问题上去，我觉得这种方式本身很重要。比如您上次谈温州，乡绅问题从里面浮现了，谈北大时您谈到了自我的形成，每一个问题都在对话中有一个位置。这次我们的访问是补充性的，会分别展开上次浮现

---

[1] 雷蒙德·威廉斯著，樊柯、王卫芬译：《政治与文学》，河南大学出版社，2010年10月第1版。

的几个主题，所以我的想法还是回到之前的对话当中，而不是重新开启一个漫谈。但这样我的提问也会比较跳跃，从一个问题跳到另一个问题，不像上次，是沿着您的人生轨迹一路顺下来，您觉得这样行不行？

项飙：很好啊。这会让文本像多幕剧一样，我觉得这个更有效，到最后形成一个总体的印象，不是通过一个单维的流程达到一个认识的目的地，更多是通过景象的叠加。这样大家会看出不同经历之间的关系，把问题或者是主题勾勒出来，更加容易引起讨论。如果整本书的特色是这样，都汇到一起，我挺高兴的。把个人的经历问题化，怎样从经历到问题，这本身就是一个问题。你说某个东西好玩，什么叫好玩？想一想，是很难回答的。那个比这个深刻，究竟怎么理解这个深刻性？只有不断问题化，才能深化下去。我们可以在这方面多补充，前面已经叙述了不少东西，可以把这些深刻、有趣挑出来一些，把它再问题化，这里面的理论性就会显现出来。

社会科学要给普通人提供观察世界、为人处世的办法，不是通过简单的道德教化，而是通过分析。它不像自然科学，发现自然规律，问题就解决了。它可能是倒过来，社会科学告诉你，其实没有什么很强的规律，都在于自己怎么样去理解这个世界，怎么样主动地采取行动。可能会有大的图景，但没有所谓的规律。它是通过科学的态度去证伪，去搜集材料，把事情搞清楚，但最后是要武装你，进一步去创造新的现实，去改变现实。

年轻人要有这样的态度，不要把社会科学当作寻找答案和解决方案的一个路程，它确实给你工具，但这个工具怎么用、怎么用好，完全在于你。社会科学首先是关于你的，然后才是关于社会的。我们这本书也是想让大家用这样一个态度去读，如果你有这种态度，可能就对符号化、等级性的东西没有太大的兴趣了。

吴琦：最近的情况是，对年轻人来说，得到前辈的帮助和指引是迫切的需要，但我们的老师、前辈知识人们似乎在逐渐退出公共话语，甚至就连在学术、文化小世界里成为召集人、中间人、保护和领导者，都变得越来越困难。

项飙：这个正是要反对象征化。不要去找象征性的领导。咱们讲到北大，那么热的天，西门外面那么嘈杂，大家都要在西门外面照相。你要把动物放在北大附近，它们肯定不会去西门外面，它们会跑到未名湖边的树林里，因为那里凉快。但是人，特别是中国人，认为文明和象征联系在一起，认为那几个字很重要，一定要拍下来，要在那里站一下。这是反自然的。象征就是牢笼，奔向象征是奔向了文明，同时也奔向了牢笼。背后是一种非常野蛮的关系。你讲到领导权，包括中国在内，很多亚洲国家都有这个问题。作为召集、作为激发、作为鼓动、推着前进的领导，很快也会转化为象征，成为符号，就很容易被人所利用，符号就物化了，和金钱一样。所以一定要抵制物化，抵制符号化，要把自己的领导力作为一个过程、一种实践。

这跟总体的体制也很有关系。你刚才讲，领导可以意味着保护，但这背后也是很危险的，那就回到了庇护人的角色。现在你看大学里面，确实他们在保护自己的下属，但也靠这个来获得资源，等于在体制和学者之间扮演了中间人。我们说的中间人和这个完全不一样，我们说的中间人是学者和学者之间的中间人，大众和学者的中间人，把不同的思想拧在一起，形成共同讨论。这是横向的中间人，不是纵向的。所以我们应该不期望领导者来保护我们，不期望体制来保护我们，最重要的是希望能够形成这样的共同体，有自己的团结性。在中国，很多事情能不能撑下来，关键在于有没有这口气，如果你有这种小型的团结，有时候像牛皮糖一样，这个事情也就拖过去了，能做下去。不要期望有一个人帮你挡，有困难大家一起面对。

我们总体的社会环境，有很强的冲动要把人符号化、象征化，这个大学，那个名人，很多人都是抱着五颜六色的泡泡在漂。年轻人要有勇气去问：这是在干什么，这个大学好在哪儿，跟我有什么关系，名人不名人的，先看看他在说什么，说的东西有没有趣，直截了当地去理解。符号是靠大家撑着的，如果不撑它，符号就没有了。把符号化的东西消解掉，形成有机的小群体、横向的领导力，不要指望有父母亲式的人物给你保护。我们从小的教育符号化太重了，要摆脱那个，用比较自然的方式问问题，用有机的语言说话，这需要一段时间的培养。

牛津记忆

吴琦：牛津这所学校给您留下的印记主要是什么？

项飙：对于牛津，我没有什么感情上的投入。很多人觉得这就是他们的家，爱得不得了，我不太能够理解那种情怀。牛津对我来讲，最大的好处是它的自由，高度的分散性。牛津大学其实是不存在的，很多人都这么说，因为它有各种学院、系，而"学院"和"系"的关系就像我们这里"条"和"块"的关系。"系"就像"条"，是职能部门，比如我们有民政部、财政部、国防部；"学院"就像"块"，比如北京市、浙江省。每一个学院里，有不同系的人在一起，全校各个系的老师都在不同的学院。学院的法律地位是公社，所有学院成员共同占有，如果我们学院的院士坐在一起，哪一天突然异想天开，投票把整个学院卖了，大家分点钱回家，那这个学院就没了。

学院主要是本科生上课的地方，比如我们学院有两三位经济学的院士，可能每年招五六个经济学的学生，这五六个学生就跟着这两三位老师学习，做一对一的讨论。对本科生来讲，一对一的交流很重要，效果非常好。我也问学生，这种一对一的辅导最大的好处是什么？他们说最大的好处就是躲不过，懂就是懂，不懂就是不懂，老师会追问，一直把你弄到懂为止。如果这个问题实在不懂，就追加这方面的阅读，根据你的情况调整书目和教课方式。每周要交文章，是很累的事情。主要训练的不是知识信息上的理解，而是怎样去发展出自己的论述，还有文章的写法用词、句子结构，精细到这个程度。有的时候还要朗读，跟导师坐在一起，发散性地谈论。那种训练确实很好，对事情的理解有一种原本性，他们不会只理解到教科书上的知识为止，而是要去讨论这个说法从哪里来，当时为什么提出这么个理论，今天应该怎么样来理解。这样培养出来的学生，一听他讲话的方式，就知道有这种根源意识和历史意识，那种味道会出来。当你理解了知识的历史性之后，知识就变得有生命力，很灵动，很有趣，同时也是开放的，邀请你根据实际情况去改变它。

牛津记忆

学院还有一个功能是社交、吃饭。因为学院是跨学科的，可能左边坐的是一个搞数学的，右边坐的是搞生物的，对面坐的是搞历史的，大家聊天，谈论各种情况，这蛮有意思。我对徐冰[1]的了解，就完全是因为我们学院的人，一个搞艺术史的人和一个搞南非文学的人。搞南非文学的那位把乔伊斯的《芬尼根的守灵夜》[2]和徐冰的"天书"做比较，我才开始知道他的名字；而另外那位做艺术史的院士，邀请徐冰去牛津做展览，这样我才了解。

牛津的环境很好，但牛津的研究不一定很前沿。我希望有一个放松的环境去考虑我自己的小世界，如果在美国，可能就不那么放松，因为他们总是要前沿化，一定要坐头排，那也会走火入魔，经常是为了前沿而前沿。社会生活里有很多问题都是老问题，一定要把老问题吃透。不断制造新的语汇，这没什么太大的意思。

讲到语言的问题，我个人的感触比较深，国内也有很多人谈，就是语言的腐败。你讲的很多东西跟生活经验

---

[1] 徐冰（1955—），中国当代艺术家，现居北京、纽约，其为人所知的大部分作品皆与文字有关，如使用全新创造的"汉字"写成的"析世鉴"（又称"天书"）；又如以汉字思维方式书写英文单词的"英文方块字"。1997年徐冰因其在书法和版画方面的成就获得了麦克阿瑟奖。

[2]《芬尼根的守灵夜》（*Finnegans Wake*），是爱尔兰作家乔伊斯（James Joyce, 1882—1941）最后一部长篇小说。里面用的语言看似是英语但又不是英语，读者可以根据自己的理解来猜测。戴从容翻译的中文版第一卷已在2012年由上海人民出版社出版。

牛津访谈

完全没有什么关系,老百姓也不知道你在讲什么,糊里糊涂传下去。牛津的风格对我的影响比较深,在写作和聊天的过程中,如果用大词,会被认为是一件粗俗的事,没品味(bad taste),有水平的人应该用很小的词讲很深刻的道理,词越小越好,具体到一张桌子、一把凳子、一个茶几。这当然跟它的实证主义哲学有关系,从休谟开始到牛津后来的语言哲学、政治哲学,有这个传统。比如以赛亚·伯林[1],写的东西都是学术散文式的。他们很不喜欢那种僵化的学术八股文。他们认为最高层次的学术其实是说大白话,尽量不要有专业术语,用的概念听起来也很简单,比如以赛亚·伯林的"两种自由",这哪里像概念?都是描述性的语言,他有时候会用一些隐喻,比如"刺猬与狐狸"。这就是脑子里有意象、图景,然后把它描述出来。我们现在很多人脑子里没有图景,只是机械地把数据和材料放出来。

---

[1] 以赛亚·伯林(Isaiah Berlin,1909—1997),英国哲学家及观念史学家,被认为是20世纪的顶尖自由主义思想家。他在1958年的演说"两种自由概念"(*Two Concepts of Liberty*)中,区分了积极自由和消极自由,对以后关于自由和平等间关系的讨论产生了极大的影响。积极自由指发展创造新社会的自由(freedom to);消极自由指不受干扰、保护个人权利的自由(freedom from)。社会主义运动强调积极自由,资本主义强调消极自由。此外,伯林还提出了一个思想家分类法——"狐狸"与"刺猬"。所谓"狐狸多知,而刺猬有一大知",即"推诸字面意思,可能只是说,狐狸机巧百出,不敌刺猬一针防御"(《俄国思想家》,中译本由彭淮栋翻译,译林出版社,2001年,26页)。

牛津记忆

再一个，当然是牛津的自信。我达不到那种自信，但看上去蛮好玩。英国基本上没有私立大学，牛津和剑桥都是公立，跟北大、清华一样。表面上是政府在办牛津，事实上是牛津在办政府。政府里的人都是从那里培养出来的。政府经常换，大学不换。比如我们圣休学院（St Hugh's）原来是女子学院，昂山素季[1]、特雷莎·梅[2]都是从我们这里出来的。在有些老学院，周末的时候，那些伦敦的部长、副首相回来过周末，就跟本科生一起谈政治。

以赛亚·伯林最早是搞古典哲学的，后来他的思想有那么大影响，并不是仅仅因为他的哲学贡献，而是他对世界政治有细致又直观的判断，再通过哲学讲出来。他为什么有"两种自由"的概念，其实是应对了冷战当中西方与东方的辩论。消极的自由，就是不要管我；积极的自由，就是我要去建设。他当学生时周末去听那些议员、部长之间的辩论：要不要绥靖？要不要接触希特勒？对苏联应该是什么政策？从张伯伦到丘吉尔，都是非常实际的辩论。

---

[1] 1964年，十九岁的昂山素季就前往英国牛津大学的圣休学院就读，主修哲学、政治与经济，并于1967年毕业。2018年，学院本科生学生会（Junior Common Room）投票决定，鉴于昂山在缅甸罗兴亚穆斯林难民潮中的行为，取消了学生会休息室"昂山素季厅"的冠名。

[2] 特雷莎·梅（Theresa Mary May，1956—），英国保守党籍政治家，曾任英国首相及保守党领袖，是继同属保守党的撒切尔夫人后第二位出任英国首相的女性。

牛津访谈

有了辩论之后，就跟理论挂起钩来，这样的概念是在那个环境下培养出来的。

其实大学的作用就是提供了一个安全的环境，让你做思想上的各种探索。人生体验上也是一样，牛津本科生百花齐放是出了名的。比如埃蒙德·巴恪思[1]，他可能是第一个对清宫政治有清晰描述的人，慈禧太后的肖像等最早就是他搞去英国的，他就是比较典型的牛津学生。大学就是给你这样一个安全的环境，让你怪，让你去实验。如果你是知识分子，你可以怪，也期待你怪。我不太同意知识分子要成为道德楷模、人生模范，我觉得这不是他们的任务。特别是今天，所谓知识分子和非知识分子之间的边界已经很模糊，你混饭吃我也是混饭吃，大家都一样，只是一个职业分工问题。在这个情况下，你在大学里面工作，当什么楷模？这个我可能讲得有点太激烈。我觉得大学生在大学里的任务，不是树立 norms（规范），而是树立 exceptions（例外），你不是范例而是例外。我们的社会需要例外，你要代表这个社会去做例外。但现在大学老师好像都是一板一眼的，我觉得这个完全是过时的，反而会引

---

[1] 埃蒙德·特拉内·巴恪思爵士（Sir Edmund Trelawny Backhouse，1873—1944），1899 年到北京，担任莫理循的助理，协助翻译工作，之后他余生大部分时间都住在中国。巴恪思 1944 年 1 月辞世于北京，在临终前一年，他完成了自传体著作《太后与我》。在书中，巴恪思以回忆录的形式记录了他在清朝末年寓居中国的生活。

起大众的反感。第一你没有什么崇高性；第二，你的特色是讲别人不太敢讲的话，因为大学给你这样一个位置和气氛，可能赚不了太多钱，但还是有比较舒适的生活和工作方式，有一定的社会尊重，你的任务是要大胆。当然我们大学里还是有这样的人，比如北大还是有一些很怪的老师在里面。

但在情感上我不觉得我是一个牛津人，我还是个温州人。

吴琦：您也不认为自己是个北大人。

项飙：我不特别觉得对北大有依恋，毕业以后我只去过一次北大，因为我的毕业证搞丢了，我去补办，走到了北大的未名湖。后来因为系里开会去过两次，从东门进去，又从东门出来。我们都会收到北大校友会的简讯，我看了以后就更不愿意去了，前半页是风花雪月，"未名湖的月光"之类，中学生作文式的矫情，后半篇是升官发财，这个校友当了副省长，那个校友晋升。这两种我都不太喜欢，我一想未名湖都是这些副省长在那里漫步，来充充电赏赏光，就觉得很没味道。我确实不太认为自己是个北大人，这个也许会变化，到了六十岁以后，可能突然对自己的青春有一种怀念。你这个问题问得很好，我对北大是很感激的，客观上来讲很重要，但不是我认同的一部分。当然北大和牛津相比，北大对我来说要重要得多。

牛津访谈

牛津有几点对我比较有启发，它的民主、高度分散，校长没什么权力，各个系搞自己的事，个人搞自己的事……还有一个争议很大的事，原来牛津的工资跟中国七八十年代的单位制一模一样，我们的工资根据年龄增长，老一年就涨一点，按工龄来算，我们跟其他员工比如园丁之间的工资差别也很小，是非常公社化的体制，不是靠差别来激励，而是强调平等。我觉得蛮好。像英国的国家教育、医疗体系就是吃大锅饭，医生赚不了多少钱，但还是有很多优秀的人要去当医生，因为对这个职业的认同，确实觉得是有意义的事。现在要改变了，因为有压力，如果不涨工资的话，人都去美国了。其实在牛津，吃大锅饭这八百年里也没少干活，产生了很重要的奠基性的思想。

我个人觉得还是高水平的大锅饭比较好。否则就没底了，大学里发奖金给钱，搞得乌烟瘴气，拿了钱的觉得可以拿更多，没拿到的当然不高兴，不如一下子刷平。我爸就老不理解这个事，他说刷平了那不是谁都不工作了吗？的确有一批人不工作，什么都不发表。但大学、社会、个人生活都是一个生态系统，每个人有不一样的能力，有的人教学教得好，但不做研究，有的人就是发表不了论文著作，但这个人能聊天，聊天对我们来说也是很重要的财富。没有竞争压力了，大家最独特的才华才会体现出来。

现在想起来，牛津有一个重大的变化，很多中国同学可能会很吃惊，就是近二十年特别是近十五年，牛津才从一所以教学为主的大学变成以研究为主的大学。前面八百年，牛津主要是一个教学机构，老师认为他们最重要的工作就是在学院做一对一辅导，研究是次要的，是兴趣，不是工作。只有在最近二十年，申请课题、发表成果才成了越来越重要的工作内容。很多老人对这个意见蛮大，他们认为最重要的工作是培养人。他说你自己有多聪明、能写多少书，这个很重要吗？关键是你能培养出什么人。那些真正厉害的人，带学生，一辈子写两三篇文章，就能改变人类历史。靠申请课题搞出来的东西，到底有多大的价值，确实存疑，但现在不可避免走向研究化、公司化，公司化的意思就是大学要不断考虑收支平衡的问题，同时又要不断扩张，想扩张就要多盖楼，内部管理越来越经营管理化。这是走下坡路。

吴琦：如果对北大、对牛津都有一种建立在反省基础上的距离感，那么为什么对温州人的认同相比起来更加强烈？

项飙：说老实话，这个是被建构出来的，也不是很自然，是我一轮一轮挣扎过来的结果。到现在为止，我看问题的方法，其实跟温州那些做打火机的人是最像的（当然真的让我办一个厂，能不能和他们混在一块，这个也存疑）。我跟"浙江村"的人混得很自然，我来北京大部分时间是去看他们，如果说认同的话，我最认同的可能是"浙江村"这个圈子。他们基本上只有初中文化，大概五十多岁，年纪比我大一点。在北京，他们跟我是比较亲密的朋友，如果我家里有事，也是首先找他们。他们常问我，你赚多少钱，哎呦，那么低，回来吧。他们老觉得我瘦，老要领我去吃东西，送给我水果，领着出去买衣服，我的皮夹克都是他们送的，像自己的哥哥。弟弟学习比较好，出去上大学回来，哥哥想让弟弟好，但不了解他具体是做什么，就是这种关系。他们还有很多时间在打麻将，我也不太会，其实是一个障碍，如果我也会打麻将，关系就会更亲密。我们一般约会吃饭，主要聊生意上的事情，聊互相认识的人，谁和谁怎么样了，谁又栽了，谁进去了，谁发了，世态炎凉。聊天对我来讲就是继续的社会调查。

吴琦：反而是这种介于聊天和调查之间的谈话，是让您最舒适的交往？

项飙：也不完全，我们还是有不一样的地方，我不能够完全放松，有点像访谈的样子。当然他们会主动告诉我一些事情，所以就变成了聊天。

牛津记忆

我对知识分子的民粹主义[1]有一种亲近感，比如俄罗斯19世纪的十二月党人[2]等，我不太知道这是从哪里来的，可能小时候觉得家长权威很重要，所以也形成了对权威的逆反，一切掌握权威的人，我看着都不太舒服。这个心理比较复杂，我没法自己分析，但我相信童年无意识的心态还是能够塑造人情绪上的驱动。我又肯定不会是革命者，因为在很多情况下我比较怯懦，在这个意义上我是比较典型的小资产阶级式的民粹主义。

吴琦：哈哈，您给自己贴了这么一个标签。

项飙：对，如果在30年代的上海，我很可能就是这样，比较狂热的小资产阶级民粹主义，所谓的左翼青年，但事实上干不了革命，但对一切权威不屑或者愤恨。但是我没有小资产阶级式的情绪化。我从小有一个特点，就是不太愿意多愁善感（unsentimental），我从来也不过生日，没有写信送卡片、关爱小动物之类的习惯，就是非常物质化地生存，要节省，不能浪费……我现在还记得上小学的

---

1 民粹主义（populism），又译为平民主义、大众主义、人民主义、公民主义，字根源自拉丁语populus，是人民或群众的意思，通常被用来与精英主义、贵族制、共治主义或金权政治相对，其大意认为掌握权力的精英是腐败的，不值得信任，而民众直接的、没有论证的意愿是合理的。知识分子的民粹主义不是一个固定的说法，大意指对任何成型的理论的怀疑，强调实践经验和社会位置对认知的决定作用。
2 1825年12月青年军官们发动了俄国历史上第一次试图推翻沙皇专制制度的武装起义，因而被流放，故名"十二月党人"。

时候，我妈妈的同事过来，说给她儿子买了生日礼物，我听了以后印象特别深刻，觉得好洋气。到了英国之后，我发现英国人也很反对这种多愁善感，不管出了什么事，你要抿紧你的上嘴唇，不要把它戏剧化。为什么讲到这个问题，它其实塑造了我学术风格的一部分，我对人的个体情感不太敏感。

距离感与直接性

吴琦：这在《全球"猎身"》这本书里也有体现，里面解释印度技术工人移民海外的原因，更多的是从政治经济学的层面入手，而没有更多地探究他们在宗教、文化和个人情感层面的选择，您在新版序言里也承认自己忽略了他们的情感因素。

项飙：这个其实是我澳大利亚一位女性朋友提出来的，她说你写的人好像都是工具理性的，都是在计算，没有情感。上个礼拜我在读牛津的哲学家 A. J. 艾耶尔

（Alfred Jules Ayer）的传记[1]，传记的作者认为他可能有自闭症，因为他对别人的情感好像一无所知。我是不是也有一点这个因素？这个很怪，现在也没想透。我去牛津读人类学，跟其他同学有一点合不来，因为大部分人类学学生对异文化有一种浪漫的感觉，很想了解那些人的生存状态和情感，我就完全没有这种感觉。我这样的人在人类学里面是个少数派，那么大家又问，我怎么又上了人类学这条船？这就跟我反精英主义的情绪有关，从小就不愿意听那些自上而下的改革设计，比较喜欢乡绅式地去看下面的人怎么过日子办事情，不是带着浪漫去体验。我是要去构型，发出一种声音，这个声音带有批判性，跟精英过不去。

吴琦：一路以来的学习、阅读、写作、研究、教学，您都没有完全认同于某一个群体、一个学派，或者一个主义吗？

项飙：在某种意义上是这样的。那怎么解释我对这些学派的迟钝，同时我又好像很努力地在思考？这就要回到小乡绅的气质，因为我总是想看现实的行为样式，看里面有什么问题，和学派一下子挂不上钩。各种学派对我没有

---

[1] David Mills Daniel, *Briefly: Ayer's Language, Truth and Logic*, SCM Press (November 26, 2007).

太大的魅力，绝对不是因为我非常独立，知道这些学派之后决定跟你们不一样；我就是不知道，也不敏感，思维的套路不是这样。当然更理想的情况是，既能这样思考，又能跟大的学派联系起来，在理论上可以更高一层。

吴琦：您之前也讲过自己在文献工夫上的缺陷，可是我们回过头从您的著作里看，尤其是读您的序言和后来的文章，其实还是有自觉性，对理论的距离感，比较少有学者这么去谈。这个自觉是怎样形成的？

项飙：这可能有两层，自发和自觉。避开理论语言是为了更直接的表达，直接说事儿而不是通过理论来说事儿，我这么做首先是我有这种自发的对直接性的趣味，哪怕是审美上；但从另外一个角度来说，这一点都不特殊，95%的人都是希望直接的，所以问题是，为什么其他人后来变得不直接。从北大后期到牛津的那段时间，这种直接好像不是个问题，博士论文也写得很直接。写完博士论文以后，大概十年前，又觉得要转向，要跟理论对话，自己感觉不深刻，比如对人的情感方面没有触及，很多哲学问题没有触及，觉得隐喻性的思考也很有意思，也开始尝试。

在那之后，我有了新的一层自觉。不能说直接性就更好，只能说我现在发现自己干不了别的。我也意识到直接性的价值。直接的重要前提是一定要有内容。比如说六七十年代的流行音乐，前面我曾经提及的琼·贝兹、披

距离感与直接性

头士的很多音乐都非常直接,如果没有强大的内容,这种直接就是粗俗,所以约翰·列侬(John Lennon)、鲍勃·迪伦(Bob Dylan)写的东西都很直接,"为什么要为宗教而死,如果有一天没有宗教、没有国家……"这些句子都非常有革命性,听起来很有力量。还有约翰·伯格[1]、徐冰……

徐冰的艺术我觉得很有意思,更有意思的是他的阐述,他用非常直接的语言来阐释他艺术背后一些相当复杂的想法。他解释他怎样做《天书》这个作品,给我的印象蛮深。他有很多好像很哲学的东西,比如《天书》,给人造成一种天旋地转的感觉。那些字看起来很熟悉,但定睛一看又不认得,突然间你和文字、和你所生存的文化之间形成一种距离,但又说不出来那种距离感。他其实是通过非常直接、朴素的生活经历,达到这个层次。小时候他妈妈在北大图书馆工作,他就在那边整天看书,对装帧和刻印很有兴趣,《天书》所有的字都是他一刀一刀刻出来,用最经典的宋版制书的流程去做。他说这个想法本身可能

---

[1] 约翰·伯格(John Berger, 1926—2017),英国艺术评论家、小说家、画家和诗人,1940年代后期,伯格以画家身份开始其创作生涯,于伦敦多个画廊举办展览。1948—1955年,他以教授绘画为业,并为伦敦著名杂志《新政治家》撰稿,迅速成为英国最有影响力的艺术批评家之一。1972年,他的电视系列片《观看之道》在BBC播出,同时出版配套的图文书,遂成艺术批评的经典之作。

是一个玩笑，搞了很多不存在的字符，但这个玩笑怎么变成一种让人思考的艺术，就必须要做得认真，认真地把它雕刻出来，花了一整个夏天。他就讲到这里为止，没有更复杂的理论。为什么认真了就不是玩笑？背后其实很有意思。因为有了人的劳动投入之后，真和假、实和虚、熟悉和不熟悉的对比才成了一个严肃的问题。

他做那件名为《凤凰》的雕塑，也是一件一件去工地找废旧的东西，然后造出那两只凤凰。而且必须要从工地里找。它的意象是整个中国：凤凰在向上飞，很美丽很威严，但是里面有伤痛，因为工地上有死亡，有工资拖欠。如果不去一件一件地挖，只看那两只凤凰，没有意义；如果完全从形式上看，你可以用任何办法造出一模一样的视觉效果。为什么他能够用很直接、朴素的语言把这些东西讲出来，也是因为背后有内容，这个内容就是他的劳动，他对中国的理解。这是一个到位的理解，他很直接地告诉大家：我去工地找材料，造出这么一个东西，这就是今天的中国。

约翰·伯格当然比较经典，他的直接就是他的深度。他的那种"看"，是一种一定要看透的欲望，他不一定已经把东西看透了，你感觉到的力量是来自他那种看的努力，那种对他人非常真切的兴趣和关怀，那是他得以直接的原因。琼·贝兹也是一样，她的直接性有力量，很重要的一点是因为她的声音好、音域宽，也参与很多重要的社会运动。

吴琦：一开始读到您的书，觉得有一种很强的反叛意识，就是对主流的理论书写的某种反叛，可能也类似约翰·伯格那种努力。

项飙：这个是长期演化的结果。但你的意思是我写的东西跟别人写的不一样，还是说你觉得我有意识地在反动现有的话语？

吴琦：我觉得是您自己充分意识到了自己和那些研究的不同。

项飙：可能是这样。这个反叛不是我有意识地在反对现有的那套话语，而是被一种总体的反叛精神所驱动。这个反叛精神，就是要有自觉性和自主性，就是要有自己的声音，也是我现在上课非常强调的，整个社会科学就是学习培养主体性。主体性不是说"我很厉害"、"我很特殊"，完全不是这个意思；而是说我作为一个人在这个世界上，我和世界是什么关系，我看到了什么，哪怕我的看法不对，但是应该把自己怎么想的搞清楚。

我们牛津的老师上个学期在罢课。[1] 我和学生讨论他

---

[1] 自2018年2月22日开始，包括牛津大学、剑桥大学在内的64所英国高校的45000多名教职员工，举行规模空前的罢工，抗议英国高校联合会拟对教师养老金计划做出更改。

牛津访谈

们应不应该支持老师的罢课,我引用汉娜·阿伦特[1]讲的一个例子,她是在一个访谈里面讲到的,她觉得60年代德国青年上街反对越战是有问题的,她的意思是说,你要想清楚越战跟你究竟有什么关系。越战为什么在美国导致那么大的反应?很重要的一个原因是那时候是抽签征兵制,很多中产阶级的孩子也要上战场,一下子全国人民动荡起来了。越战之后,自由主义经济学家米尔顿·弗里德曼[2]建议把义务兵制变成志愿兵制,把它处理成一种就业方式,这看起来是非常简单的技术处理,其实对世界政治的影响非常大。志愿兵自己拿工资,是雇佣兵,军队就不可能是一支有革命力量的军队。原来的义务兵首先是公民,然后是战士,会对整个战争的意义进行讨论,现在把问题消解掉了。阿伦特的意思是说,在发生这个变化之前,美国的孩子们上街是因为他们明天可能就要上战场,会考虑战争的意义,要保护自己的生命,那么这跟德国青年究竟

---

1 汉娜·阿伦特(Hannah Arendt,1906—1975)是美籍犹太裔政治学家,原籍德国,以其关于极权主义的研究闻名西方思想界。汉娜·阿伦特被认为是20世纪最重要的哲学家之一,她的著作涉及权力的本质以及政治、直接民主、权威等主题,对政治理论产生了深远的影响。关于此处提及的内容可参看她于1972年出版的文集《共和的危机》(*Crises of the Republic*),是阿伦特对于1960年代美国社会观察的结果。

2 米尔顿·弗里德曼(Milton Friedman,1912—2006),新自由主义经济学家,第二代芝加哥经济学派领军人物。在消费分析、货币供应理论及历史,以及稳定政策复杂性等范畴做出的贡献有广泛影响,并因此在1976年获得诺贝尔经济学奖。

距离感与直接性

有什么关系？我觉得这是一个很大胆的提问。尽管这些德国青年反对战争很真诚，但我要问你，这跟你的物质利益到底有什么关系？要把这个问题讲清楚，你的行为才有意义。我用这个例子来讲搞研究，也是一样，不是说你要讲出一个普遍的、正确的、深刻的理论，而是要把自己和世界的位置讲清楚，这非常重要。所以我告诉学生，他们不能仅仅是觉得老师们的原则是对的就支持罢工。他们要把他们自己和老师的关系、和老师所持的原则的关系想清楚。

当然我形成这样关于有意识的直接性的观念，是比较新近的，也有一个从自发到自为的过程。一开始我觉得"浙江村"那种写法很自如，不用把自己想象成别人，写得很快、很有趣，那是自发的直接性。后来开始向学生讲，当然也渐渐地受后殖民理论的影响，就把这种直接的声音作为方法，就带有了自觉性。

回到怎么做到"直接"的方法上来，"直接"的意思是：第一，要有内容；第二，要有碰撞，有冲击力；第三，要写得直白。首先一定要在内容上有丰富的积累，对事情有切入，不能只讲在面上的总体判断。切入是要看清楚事情是怎么由内而外地构成。我上课的时候会讲这两者的分别，explain（解释）和 explain away（搪塞），explain away 就是造出一个自圆其说的说法，把这个事情 settled（处理掉）。典型的例子，比如人口流动研究中的"推拉理论"或者经济中的供求关系，因为有供有求，所以事情发生。这不是解释，其实是把问题解释没了。真正的解释是切入，要进去，去问：需求到底从哪里来的？是怎样被构造出来？供给也是这样，资源怎样被调动？一定要看看里面的内容是怎样发生的，冲突是什么。抓住了事情内在的动力之后，写出来的东西就会有冲击力。

约翰·伯格有一本书叫《国王：一个街头故事》[1]，写的是流浪汉，他注意到一个现象，这些无家可归的人都有一条狗，King是一条狗的名字，他通过这条狗来写这群人，写出了这些流浪汉自己的世界。这里有一种互相依赖，有一种温情，有一种爱，当然很惨，但他们也不是完全无力的受害者，他们在构造一个自己的世界，狗是很重要的一部分。这个观察世界的方法对我来说就很有冲击力，也使我有一种新的理解。这就非常直接，就从流浪汉自己最明显的经历出发，不用什么理论，但是非常有力。

第三，一定是从内往外的喷发，把内在的感觉明快地表达出来。如果把直白只理解为一种风格，药品说明书也是写得直接、简明的，但那种力量不一样。一定要有从内到外的冲击力，有情绪的积累。

1　John Berger, *King: A Street Story*, Vintage (November 14, 2000).

人类学的圈子

吴琦：您提到"直接性"的这三个层面，难道不应该是人类学作为一个学科应有的题中之意吗？这个学科不就应该深入到事物的内部，发现它的肌理，并形成理解吗？还是在文章《回应与反省——我们如何叙述当下、进入历史：兼论人类学的现实角色》里，您提到了人类学的焦虑，它好像被困在"同情""理解"这样的概念里，为什么我们今天还需要谈这些问题？为什么人类学的焦虑至今仍然存在？大家都切不下去，都不直接面对问题？

项飙：人类学的困境还比较好解释，但你提出了一个更大的问题：为什么在普遍的学术话语里，直接性仍然是重要的，比如文学。这里我要提一下非虚构写作。对我来讲这种文体的发展很重要。我是80年代读着这些人的报告文学过来的，它们是比较精英主义的历史的审判学。现在非虚构当然不审判历史了，而是写自己的焦虑和矛盾，我觉得这个直接性非常可贵。今后我们可以开研讨会，文学、新闻、人类学、NGO的人聚到一起，咱们要把这个东西搞起来。

人类学的问题比较容易解释。因为人类学作为一个学科，起点是在殖民主义。西方人要解释其他文化，然后从人类学里派生出社会学。人在社会中生存了那么多年，为什么突然在一百多年前,开始考虑社会是怎么构成的?因为我们原来都是按照神学、习俗这样一套规则来规范自己,从来没有把自己的社会生活对象化。把自己对象化不是自然的做法,这个刺激来自殖民主义,来自人类学。所以最早的社会学教科书之一就叫《社会学:以民族志为基础》[1],讲各地的社会,通过那个眼光发现自己跟别人不一样,去解释西方现代文明是怎么出来的,在那之后才形成了"传统到现代"这种思路。

二战以后觉得这不对,人类学就变成一个重要的自我反思的工具,去批判西方文明。原来也有这种所谓"高尚的野蛮人"(noble savages)的理念,认为野蛮人其实比我们高贵,没有被工业文明污染,这是西方的浪漫想法。到了60年代,这个想法就被政治化,认为资本主义是不对的,而"野蛮人"更贴近自然和人性。这个想法到今天还是很有生命力。所以人类学在西方变成了一种学科内部的讨论,在讲我们究竟能不能够真的去讲述别的文化?"理解"是怎么回事?跟心理分析、哲学结合在一起,总是在讲我们怎样去理解这些人、这些文化,同时反思自己的文化,人类学就变得很深、很细。

---

[1] Charles Letourneau, *Sociology, Based upon Ethnography*, 1881. 现在教科书中所谓社会学是对西方工业社会和现代性兴起的回应,是晚近的历史新编。社会学的最初目标是要解释"世界性的差异"。

但这个反思性跟我说的"切入"不太一样。切入的出发点不是去理解这些人当时的喜怒哀乐，而是切入一个问题，内部的矛盾。比如被清理的流动人口，他们怎么理解自己和这次驱赶运动，以及和这个社会的关系，和其他城市居民的关系，其他信息可能会丰富你的理解，具体到他们对时间的感知，黑夜中身体对寒冷的感知，但了解这些感知本身不是目的。所以我觉得人类学原初的非政治性，和后来这种比较虚泛的政治性，也就是强调一切都是权力关系，包括自己的研究实践，从而老觉得对不住研究对象，其实有关系。事实上，政治是一个比较简单的东西，主要就是不同群体之间的利益分配。但如果不讲利益分配的过程，只讲弥散在日常生活里的权力关系，那到处都是，讲不清楚，于是就变得不够直接。

吴琦：现在您在中国或者世界范围遇到人类学同行的时候，有共同体的感觉吗？

项飙：不强。

吴琦：但您近年来的一些论文写作，比如关于香港问题、知青时代的社会学家、"悬浮"[1]、"工作洞"，等等，包

---

[1] 2018年8月4日项飙受邀参加了中间美术馆发起的，以《流动与悬浮：学术和艺术中的现实问题感》为主题的对谈；2018年12月13日在清华大学新闻与传播学院以《悬浮：流动、期望和社会成长》为题做分享，阐述了一种普遍的国人"悬浮"心态。

括接受媒体访谈，其实都在给这个群体提建议，好像在召唤某种行动、某种知识分子共同体？

项飙：我其实是希望针对普通人提这些建议，如果达不到普通人，就先针对青年学生，这是我的目的。至于同行，因为我对别人不太熟悉，不能够形成对话。这里其实有个问题，学术研究只是变成了同行之间的对话，你说话是为了让我批判。这是我一个朋友说的西方人类学陷入的困境：一个人类学家说了点什么，是为了让别的人类学家有话可说。所以说我不是要建设一个共同体，我只是在说知识分子应该如何作为。很直观地说，比如我就不愿意去开会，也确实不知道为什么要开会。去开会还是去村里调查，那肯定去村里的收获更大，或者自己去读书，也比开会收获要大。

当然如果做一个客观的实证分析，看我的时间分配，跟哪一类人来往更多，到最后肯定是知识分子远远高于其他群体。所以我实际的交谈对象和来往，还是在这个群体里面。但我没有那种归属感。另外一个方面，我也想进入更多的其他群体，所以我对媒体、非虚构写作这些群体感兴趣。

吴琦：有没有想过，为什么在进入学术体系之后，依然和学者这个群体没有共同体的感觉？

项飙：这听起来比较傲慢——我是觉得他们那种分工

太专业化了，因为我的强项不在于专业化，不在于把概念精细化、把一个问题不断地深入，我在技术上没有这样的能力。同时我又看不出这种深入有什么意义。在逻辑上，我认为社会科学的深刻性不是这么练出来的，深刻性需要你在事实里"泡"着，对事实理解得非常透，抓得准，不断地拷问，当然逻辑上要严密，材料丰富，讲出来的东西才深刻。靠那种线性的积累，很难积累出真正的深刻性。

吴琦：有没有为此而受到过同行的批评？

项飙：那倒没有，因为我没有对任何人造成威胁。我是不够资格被批评的，这个不是谦虚，客观就是这样。他们完全可以去做别的事情，去批评更重要的人，确实没有什么可批评我的。

吴琦：我有一个印象，您好像是很乐于收到批评的，同样在《回应与反省》那篇文章里，有人就具体的观点提出批评，您反而很兴奋？

项飙：对，那是对我的回应，这种批评非常好，有个学生批评我，认为文章在文风上有断裂，前半部分和后半部分断裂，原因是我从宏观历史来看具体事实，而不是从具体事实出发，我完全同意。另一个人是在岭南大学学文化研究的，他批评我的文章"一头栽在党国的神话里"，这个也有道理。这些都是很具体的观点讨论，都很有意思。我觉得没人会对我进行什么批判，如果有批判就太好了，那是对我很大的赞扬。

吴琦：另一个观察是，年轻人问了比较傻比较幼稚的问题，您也愿意回答，背后除了责任感，还有什么原因？

项飙：跟年轻的同学互动，我完全不是出于责任感，就是因为好奇。他们的问题我一点儿不觉得幼稚，我们的生活经历、家庭背景、性别、年龄都不一样，当然看问题的角度不一样。有一个同学给我写信，说我经常说"你说得对"，而他们朋友谈话从来不会这么说。这就很有意思，这个同学很年轻，对各种小的细节都非常敏锐。我就没有意识到这个说话方式。可能因为我们的职业有这种在肯定的基础上进行辩论的习惯，学术讨论会上大家都这么说，即使对方说得不对也是这么说。年轻同学的这些观察都很好玩，也给我刺激。

非虚构写作

吴琦：您前面提到了非虚构，也讲到青年时代对报告文学的阅读，这种文体的直接性以及很强的议论性，对您个人有重要的影响，而且是相对正向的影响。其实最近国内的年轻人也对非虚构写作很感兴趣，但我觉得有一些变化，也许那个直接性还在，无非是文本、语言层面的更新，用更现代的语言来表述，但厚重感在消失，它讲一个人的故事就完全陷入那一个人的视角，且不说选择讲谁的故事，这也是很值得讨论的问题；或者讲一个集体事件，用记者的办法，用八个、十个信息源来交叉印证，好像自己讲的就是客观存在的事实，无可争辩。您提到的那种厚重、乡绅对于未来的关怀、伦理判断，在现在的非虚构写作中是普遍缺失的，整个社会其实也是如此。

项飙：这个很有意思，我想这里是不是可以补充一点。如果把自己的愿景也写进去，会增加一定的厚重感，但更重要的，是会给文本一个灵魂，不是机械的记录，而是有灵魂和关怀在里面。比如你刚才讲的这个例子，八个人的视角如果都写出来，已经是很难的事，又要放在一个文本里，就更难了，怎么样给它一个灵魂呢？要有意识地把这八个人的位置解释出来，八个个体，是八个位置，某一个位置更接近事情的核心，一个比较外围，如此等等。这不是要对这些位置做理论判断，而是描述性的。社会科学首先就是描述，所谓想象都是辅助性的。把东西描述清楚，这就是最大的功劳。因为世界需要你做的，也就是对复杂事情的清晰描述。

我们要多讨论一些这样看起来好像是技术层面的东

西，很重要，因为事情就是这么做出来的。现在大家也很强调知识的物质性，觉得工匠蛮有意思。这个是对的，要有工匠精神，要对自己生活的世界有很具体的、物质性的、清晰的认识。每天跟具体的人的互动，都是很重要的。不要动不动就跑到高深的、抽象的思辨上去。

吴琦：您说到的描述的不同位置，可不可以再具体一点，或者举例说明？因为一个问题有不同层面，但哪个层面更重要，其实有价值判断在后面，那么在赋予它们权重的时候，怎么选择呢？

项飙：肯定会受价值判断影响，但我自己的理想状态，还是通过实证观察。比如农民上访，是出于对村里土地被占的愤怒，还是想去闹一闹赶快把问题解决掉，还是因为知道上访以后县里马上会下来给钱，还是一种讨价还价？可能几种因素都有。我们就要通过实证观察来给它权重，究竟主要是一种道义上的政治行为，还是功利计算。比如"浙江村"现在要搞市场疏解，这个过程太复杂了，如果不给权重，就不知道这个事该怎么描述。市场里的商户要被拆，要赔偿，商户代表和政府去谈判。这在一开始的时候是民主的，商户推选谈判代表，当个人成为代表之后，就去跟政府谈判条件，说你给我个人多少，我帮你摆平下面的商户。商户也知道这个情况，就要想办法去控制他。你对那个人怎么理解？他是从一开始就是这样的，还是在谈判过程中变成了这样，还是受到了压力？我说的权重，就是说要重视社会生活的复杂性、多面性，然后在复杂性、多面性中区分主要矛盾和次要矛盾。这个主要靠经验推理，经验多了就慢慢会了。但也有一些小的方法，通过一些逻辑上的测验，因为有的时候需要去判断他的动机，这个不能直接问，没法直接观察，只能通过一系列的行为形成假设。但也不难的，谈多了之后，这些事包不住，很快就显现出来。

吴琦：刚才您说在人类学里面，这个问题很好解释，但是如果放在更普遍的知识生产领域，其实还是会遇到问题。比如记者们更多讨论的是采访技巧、篇幅安排，就像老师们讨论怎么发论文怎么算成果差不多，的确都是技术和实践层面的问题。可是如果只讨论这个，离这些行业原本的目的和初衷就离得很远，可能会出现业务特别熟练的记者和学者，但他们到底发现了、解决了什么问题却存疑。一方面行业内部关于理念、价值观的争论减少了，另一方面公众舆论其实也并不喜欢那个层面的讨论。

项飙：这跟我们刚才谈论的是一致的。从2009年开始，有点反公知的情绪，这是可以理解的。我们不要轻易做忧国忧民的阐述，而是在描述当中把权重加进去，把审判权交给读者。日常生活里有一些例子，比如要给外人讲述一个相对复杂的日常纠纷，或者是同行同事之间的关系，会很自然地把这些权重加进去，谁谁谁说了什么，听者一听就明白你引用的那个人只不过是一个花边，而另外一个人起了重要作用。这样听起来就是一个立体的论述。如果我们对事情熟悉到很深的程度，都会自然地表达出来。我刚才对你前半部分讲到的技术性的问题没有特别理解，你再讲讲。

吴琦：我是这么理解的，对新闻、文学、学术这类工作感兴趣的人，从初衷来说都不是把它当作一项纯粹技术性的工作，可能不同的人附加了不同的情感、伦理、道德的因素在里面，那是某种内在的动力，关怀、理想的部分都是真实存在的。但最近这个行业从业者的这部分关怀在减弱，于是我才说对这个职业的讨论就变成一种纯粹技术性的讨论，就像讨论一个学者的贡献，只讨论他发表论文的数量、他的职称一样。与此同时公众也在排斥这些关怀，都有内在关系。

项飙：明白了。这个到最后和关怀是绝对有关系的。但是关怀的缺失可能是因为没有把关怀细化的手段。现在的问题就是怎样把这个关怀做出来。我觉得80年代的负遗产之一，就是关怀无限，但技术跟西方的训练差别就很大。这样关怀是不可持续的。我自己也有这个问题。我们对技术这方面确实不太重视，而且总觉得技术是中性的、无趣的，如果你有关怀的话，自然会出活。其实不是这样的，技术很重要，正因为要真正落实你的关怀，要确实地去做，这也是文化生产的落地性。乡绅解决这个问题会比较自然，因为他的兴趣、他的关怀是从那个"地"里面出来的。

关怀本身也需要放松。我觉得关怀要跟好奇结合起来，要跟一种对矛盾和纠结的容忍态度结合起来。不能认为有纠结有矛盾就是坏的，生活里本来就是充满纠结和矛盾，所以看见纠结要兴奋。我自己是这样的，看见一些解释不了的东西，还挺兴奋，因为这是真实存在的东西。这种硬邦邦的、让你不悦的东西，要去热爱它。关怀要一步一步地落实下来。有大的关怀当然是一种很高的理想境界，然后到具体问题的时候，不是追求理想境界，而是去探求不理想存在的原因，所以我强调操作化。"香港01"有一次采访我，题目就叫《"做打火机的人类学家"项飙》[1]，因为我讲我是温州人，我们是做打火机的。对温州人来说，最重要就是把东西做出来。一切理论、思考要和"做"结合起来。"做"要受物质条件局限，能动性和自由是很有限的，我们能做的就是让物质的力量发挥更大的作用。比如一批温州人最早是做饭票的，他们知道要恢

---

[1] 王雅隽，《"做打火机的人类学家"项飙》，《香港01》，2016年4月8日，第2—3页。

复高考,就开始做饭票,做饭票的时候,原料对农民来讲是很贵的,他们买不起,就从上海的国有企业拉塑料的边角料,要想办法把它利用起来,做饭票就是利用塑料边角料的好办法。这可以做很深的理论分析,牵扯国有企业和市场、和农村企业的关系,所有权的混合制问题。但是这些理论含义是在"做"的过程中呈现出来的。如果只有关怀,没有开放的观察,就看不到这些微妙的,其实又很重要的内容。

吴琦:这些"做"的方法延伸开来,对人类学来说,它有什么意义?更普遍地说,它对现在知识分子群体面对社会的姿态,或者他们的工作方法,是不是也有借鉴意义?

项飙:我觉得应该有。中国现在很重要的一个变化,特别是从 90 年代末期高考扩招之后,随着高等教育大众化、一胎化,家庭对教育的投入提高,以及现在信息科技、社会传媒的变化,知识分子和非知识分子的分界在青年群体里已经很弱了。做和想的边界几乎不存在了。在各个实践领域直接行动的人,可以直接思考他们自己的行动。这是一件大好的事情。一定要进一步把这个分界打破,人人都是知识分子。

在这个情况下,像我们这些人应该做什么呢?其他人没有时间把事情那么系统地整理出来,我们就整理信息,让它形成图景。我们要注意到，在所谓职业知识分子内部，就像你刚才讲到的，很多人同时也做经营性的工作，是一体多元的角色。他们已经在"做"了。如果说借鉴意义的话，也是针对其中一部分人，如果有人觉得这个取向比较合理，那就意味着我们要放下一些判断，多去看这个社会内部的矛盾，包括它的合理性。

另外很重要的一点是在大家的行动中挖掘希望，挖掘能量。职业知识分子其实什么事都做不了，社会变化必然是一个社会过程，必然是由社会启动，知识分子能做的有限的事就是社会动员。动员，也就是说力量还是在别人那里，你不过是让他意识到自己的力量，所以要去挖掘潜在的希望、能量。用党的思想工作方法来说，就是做好引导工作。它的假设是说能量、希望、未来都已经在生活里存在，但你要把它挖掘出来，你要去找这些力量。那么，看到矛盾和寻找能量就是一回事，看到矛盾就等于看到两面性，两面的冲突就是变化。当然变化的方向可能不一样，所以就要去考虑创造什么样的环境，维持什么样的变化。如果有启发的话，可能更多的是给学院知识分子的建议。

对很多青年思考者来说，他们不是职业的知识分子，他们思考的对象就是他们自己的"做"。他们要把自己和社会的关系想清楚，就是"认命不认输"[1]的那个说法。我们都知道萨特的话，存在先于本质，意思就是说你本质到底是一个什么样的人不是给定的，你的行为、你的存在，决定了你是什么样的人。没有人生出来就是妇女，是你在社会进程当中变成了妇女。这个说法有革命性的力量，这个精神要维持。但现在有一个问题，在当今的情况下，大家都觉得很自由，我要成名成家，要赚钱，仗着自己的自由去做，那就忽略了一个很重要的"你是谁"这个问题。每个人有历史，有家庭背景、教育背景，整个社会结构给你一定的位置，这个位置很难改变，你要把自己是什么想清楚。"认命"是要从历史、结构的角度，想清楚自己是什么。女性当然是在社会化的进程中被塑造成女性的，但是你也不能轻易地把自己去女性化。那个塑造你的社会和历史力量实在很强，远远强于任何个人的、短时间内的努力。穷人家的孩子当然也可能成为富人，但是光靠想着自己不认穷人这个命不是解决办法，而且我们知道这种想法导致了大量的心理和社会问题。所以关键是要把自己所在的社会位置想透，女性的命、穷人的命为什么还这么难？在这个现实下，怎么去当一个女性、一个穷人，怎么和那

---

[1] 可参看端传媒对于项飙的访谈：《专访人类学家项飙：我们应该"认命"但不能认输》。

个强大的社会和历史力量持续地较劲，不认输地较劲？国内的 LGBT 群体为我们树立了一个榜样。他们知道这个命不容易，但是认了这个命。他们不去祈祷怎么去换命，而是持续努力，和现实较劲。

学术不是天职

吴琦：有机会在牛津谈话，让我对您在这边的工作和生活环境有了直观的感受，整体上非常规律、清净、远离"中心"，没什么人打扰，学院和家离得这么近，走几步就能去田野散步，这个环境和国内完全不同。在这边具体工作是怎样展开的？

项飙：我在这里和几个同事主持一个迁移研究硕士点，这是我的小自留地。教学任务确实比较轻，大半时间是自己研究。第二个就是搞硕士点的教学，也带少数几个本科论文和博士。牛津给我很多时间，给三年的研究假，所以我前三年都在日本。如果没有那样的自由时间，我就不能突然跑去香港，思考民族问题，做这些事情。我的工作形态大部分时间就是挣扎，但是没有这么多自由时间你都没有条件挣扎。我爱人经常说我太空闲，她就没有时间去挣扎，每天都要完成任务。

牛津也很想看到成果，它强调社会影响力。国内学者要抓住"社会影响力"这个概念，官方也在提议，把学术从狭窄的技术化、专业化中解脱出来。提高社会影响力，关键之一是要抓住公共话语，给它们新的定义，确实能够打动普通读者的心，改变他们的思考方式，能够形成新的运动或策略。怎么给出新的定义？这就需要系统的材料、严格的论证。

吴琦：在牛津，科研和教学各是什么形态？您在牛津给学生上哪几门课？教学的过程对自己的研究有什么启发吗？

项飙：我主要教两门课，一门叫"关键词"，分析比如"人口"这样的概念。我们做迁移研究，"人口"是大家都用的一个词，但世界上没有人口这个东西，一个人就是一个人，怎么会有人口这样群体性、总体性的概念？人口里还有自己的结构、死亡率、生育率等等，什么时候出现这个概念，怎么发展起来的？这背后是和政治学直接有关系，也牵扯到统计学、数学的发展，放在一起其实是一种对社会的想象。现在的人口都是以国家为单位，又和国家体制联系在一起。还有"市场"的概念，"人民"的概念，"安全"的概念，现在中国经常提国家安全，以前不

学术不是天职

太提的，这是怎么回事？现在在欧洲，非法移民也被认为是一个安全问题，怎么理解？都是媒体上见得比较多的关键词，来看它们的历史。

第二，我上选修课，关于国家和流动的问题。流动是有趣的问题，我们都认为流动和权力结构还有体制是对立的，但流动其实也是某一种权力体系建立的重要基础。比方说天主教系统，主教在不同教区的流动很重要。大英帝国在殖民主义时期，殖民官在不同殖民地间的流动也很重要。中国历史上的改土归流，原来对少数民族的统治用土著，就是认可地方社会的自治性，流官就意味着中央集权。费孝通提到"社会流失"[1]，他指的就是江苏那些人都跑到上海去读书，乡绅跑了就是社会流失，这种流动成了中国农村社会瓦解的开始，所以梁漱溟他们对现代性很警惕。这些都可以从"流动"这个角度打开来看。

把上课的东西和我自己的研究、社会介入结合在一起，这不是很容易。一方面也是因为我们学生太多元，学生的兴趣、背景主要还是以欧美为主，很少有发展中国

---

[1] 相关内容可以参看《江村经济：中国农民的生活》，该书是费孝通1938年在英国伦敦大学学习时撰写的博士论文，论文的依据是作者在江苏省吴江县开弦弓村的调查资料，最初以英文发表，题为《开弦弓，一个中国农村的经济生活》，1939年在英国出版，作者将开弦弓取名为江村，书名为 *Peasant Life in China : A Field Study of Country Life in the Yangtze Valley*。1986年，江苏人民出版社出版中文本时沿用原书扉页上的《江村经济》一名。

家的，因为我们奖学金不够，这是很大的问题，所以我在这里的讨论不如在新加坡有趣。我们人类学系也比较学者化。我完全不像韦伯说的，当代社会一切都袪魅了，所以就把学术当作天职[1]。对我来讲，学术不是天职，还是工具，是我介入社会、介入世界的一种途径。

吴琦：您说自己开始用双语式的工作方式，是怎样的？从什么时候开始的？

项飙：是这两年新的工作方式。如果有一个想法是从中文先发展出来的，我会用英语再表达一下，在英语表达的过程当中，就会发现原来很多想法不严密，有很多东西需要解释，一解释的话，就会发现所用的概念和所指的现象之间的联系并不自明。用了一个比较模糊的词，究竟对应什么具体现象，有时候对应不上。倒过来，如果用英文形成的想法，用中文去表达之后，也会发现很多问题。比如自己以为有一定创新意义的说法，用中文一说，发现其实没什么意思，没有新的见地在里头，敏锐性不够，杀伤力不足。所以中文可以检测出内容上究竟有多少新意，英文检测论证过程、定义是不是基本清楚，如果这两个都通过了，我就比较自信。

---

1 马克斯·韦伯：《学术作为一种志业》，见《学术与政治》，广西师范大学出版社，2010年9月版。

学术不是天职

当你和外国学者解释一个问题的时候，如果解释不清楚，就说明我们自己了解得不清楚。社会科学研究无非就是要把事情讲清楚。这是很不容易的事情。讲事情无非是两种讲法。一种是大量地简化，简化到一个已经成型的模子里面，这样就把这个事情安定下来，放到盒子里，看起来很清楚。另外一种讲法是把内部的复杂性都讲出来，那就成了没底的事，因为要在比较有限的时间和空间里把事情讲出来，别人会越听越糊涂，因为细节都是绕的，整个盒子倒在桌上，不成系统。所以要提纲挈领。要讲故事，只有对大的问题有关怀，知道背后的基本问题指向在哪里，才能把复杂性带出来。打个比方，在日常生活里有很多矛盾搞来搞去，很纠结，它们不一定是钱多钱少的问题，也不一定是自由不自由的问题，什么算是有足够的自由这都是讲不清楚的事，真正引发矛盾的可能是一个具体的尊严问题，有的时候是面子，有的时候是所谓的人格，这也是老百姓经常用的话语。抓准了这个基本指向，细节都会有它的意义。

英文有一个词很简单，叫作"about"（关于）。我指导学生的时候也跟他们说，你一定要讲清楚这个研究是about什么。做农民工研究或者做大学生的研究，这个是"on"，是另外一回事，真正的about是一种问题意识，是关于劳工关系、关于空间布局的权力关系，还是关于性别关系，这个一定要拎出来。不把这个拎出来，别人不知道你要往哪里说，交流的效果就不太好。我前面提到的"跨语言的自我"，就是通过翻译来明晰 about，朋友之间的交流也可以逼着你去想这个 about。有些学术会议没意思的地方也是因为听不出来这个 about，这可能有两个原因，一个是大家有很强的同质性，互相好像都能懂，懂了就懂了，没人逼问，没有更加细化和具体化的动力，互相成了一种社交性的分享。第二，about 是在开放、丰富的材料的基础上，提出鲜明的主题，但很多会议有点倒过来，主题已经先定了，拿材料过来讲一讲。所以这里有三重转译，语言之间的转译，朋友、同事之间的转译，材料和观点之间的转译。如果没有这些转译，或者转译得太平滑太随便，这个 about 就出不来，日常观察也一样。

民族与民粹

吴琦：您在新加坡和中国香港的生活，上次我们也没谈太多。可以补充讲讲，当时是什么样的契机去到新加坡？

项飙：2003 年我博士论文快做完的时候，刚好国际移民组织（IOM）有一个关于中国移民到欧洲的项目要招人，那时候提出这个项目，和中国东北很有关系，因为突然发现很多东北人在欧洲，这是一个新现象。非法移民听起来好像是个自古有之的事情，但是它作为一个政策概念是相当新的，90年代以后才出来，和"寻求庇护者"（asylum seeker）一样。冷战期间没有这些概念，难民就是难民，主要来自社会主义国家，是所谓政治被迫害者，而且主要是知识分子，西方给他们的条件很好。冷战结束了，社会主义国家的人可以随便出来，同时大量的小规模的族群冲突在非洲等地出现，出现了真的难民。他们和原来政治性的难民很不一样，而且数量那么多，西方不可能用原先的承诺来满足他们，所以就造了这个词，叫作寻求庇护者。这是很怪的一个词，不说你是难民，也不说你不是难民，就说你在被审查的过程当中。

　　人口贩卖也是冷战之后、90年代初出现的政策概念。出现这个概念，很大程度上是因为西欧对来自东欧的性工作者的一种道德恐惧。首先，柏林墙倒塌之后，西欧觉得无数的人会从东边过来，很恐惧，要遏制这个情况。第二，西欧的公众对性产业仍然有根深蒂固的道德恐惧，但是又不能讲它不好，因为西欧的女权主义非常强势，认为性产业是一种"性劳动"，要充分尊重和保护，不应去禁止或在道德上谴责。所以政策就把性产业的问题转化成一个人口贩卖的问题。它的意思是说，要是从东欧移到西欧做性工作者，不可能是自愿的，没有妇女会自愿做性工作者，肯定是被贩卖的，是这么一个逻辑的链条。这是对妇女自主性很大的否定。人口贩卖和非法移民也紧密地联系在一块，所谓对人口贩卖的恐惧，其实很大程度上是对非法移民的恐惧，因为很难把非法移民犯罪化。在欧洲的法理逻辑下，非法移民不是一种犯罪，无非是没有证件跨越国境，但要把它转化为人口走私，就跟犯罪联系起来，可以用大量精力来查处这个事。人口贩卖这个概念，是比较严重的夸张，这也是冷战之后，意识形态空洞化之后，很多东西被空洞地人道主义化，在世界在中国都是这样。

在这样的环境下，欧盟委托国际移民组织做中国到欧洲移民的项目，我刚好博士课题快结束了，就去了日内瓦。白天在那里做项目研究员，晚上就写自己的博士论文。我去的时候，中国在国际移民组织还是观察员的身份，而2016年，中国已经成为国际移民组织正式成员。2017年，国际移民组织正式成为联合国的一部分。所以人口流动在国际上是一个比较大的问题。但还是可以看得出来，是从谁的角度把人口流动定义成为问题——一个需要干预、需要提供方案、需要提供援助的问题——显然是从富国的角度出发，尽管是通过人权的概念讲出来。

我在那里做了半年多，成天处理各种各样高度程序化的语言，大部分在国际移民组织工作的人从来没有跟移民打过交道，都是文本的工作。这也算是一个启发，我明白了清楚现实情况的人，文章是不可能写得那么正式的，因为事情非常复杂，搞出一二三四五六，只是贴标签，其实是不完全清楚。

那时我们在组建牛津的迁移中心，我是中心的申请人之一，中心批准了，但钱要一年以后才到位，所以我从移民组织出来以后，虽然有未来的工作，但没有工资。作为过渡，我就去了新加坡国立大学，在亚洲研究所做博士后。新加坡国立大学对我生活的影响非常大，我在那里碰见了我的爱人，她也在亚洲研究所。我去的时候亚洲研究所的所长是安东尼·瑞德[1]，他是很有名的东南亚历史学家，做的是布罗代尔式的长时段的经济社会史。他要打破我们今天国别的框架，认为很多跨国联系长期存在，三百年前有贸易网络，可能比国家更重要。像我这样从北大出来的人，觉得这个没意思，因为今天最重要的框架还是国别。后来我才慢慢理解到，这种视野相当重要，不是去否认今天国家的重要性，而是如果对国家有历史性的了解，

---

1 安东尼·瑞德（Antony Reid），1939 生于新西兰，澳大利亚籍，国际知名的东南亚史专家，认为应当把东南亚地区当作一个整体来看。《东南亚的贸易时代：1450—1680 年》(*Southeast Asia in the Age of Commerce, 1450–1680*) 是其成名作。中译本两卷由商务印书馆于 2010 年 4 月出版。

就能相对化，有距离感，那种乡绅的东西就会出来。乡绅为什么要学历史，西方的知识分子为什么要学古典学，学希腊、罗马，不是要简单地建立一个自我叙述，虽然它可以被那样利用，民族主义就是要构建出一个非常连贯的单线的历史叙述；而是可以帮助我们建立起另外一种时间感，长时间感，使你对今天的政治有一个比较好的把握，同时又有比较健康的距离感。

我在新加坡做了一年博士后，后来一直在那里做访问学者，虽然回到牛津，但在新加坡花的时间更多。后来杜赞奇当了所长，他的想象力，他对当下重大问题的介入，对我影响非常大。他在新加坡办了大量的国际学术会议，很想把新加坡国立大学的知名度搞上去，这大大开阔了我的眼界。但新加坡最让我觉得可圈可点的地方，还不是像杜赞奇和安东尼·瑞德这样的一批人，而是他们背后一群兢兢业业的人。你可能从来没听过他们，他们往往都是女性，也许没有很大的想法，看起来没有什么天才的创造力，就是埋头苦干，有非常专业的精神，建立团队，有宽容的态度，做事情比较无私。新加坡有一批这样的人。大家都认为李光耀厉害，他当然重要，但事情靠大规划，更靠一点一滴做出来。今天不做，今天不犯错误，就不知道明天能干到什么程度，唯一的办法就是去做。我觉得这是新加坡精神。它和牛津不一样，牛津有老本，对很多要后

民族与民粹

来居上的亚洲国家来说，新加坡很值得学习。

我比较反对创造性或者天才的说法。任何东西都是靠做出来的，不做的话什么都没有。小时候课本里面的达·芬奇画鸡蛋，都蛮真实的，技术性的东西相当重要，只讲空洞的东西是不行的。艺术不完全是靠想象，艺术很具体，你对今天早上那一束阳光的感受，是很具体的，要把握那种感受，一定要把它做出来，通过雕塑或者画画，色彩的调配，物质性很强。北大在这方面有一点代表性。我们那时候人人会背那段话"这真是一块圣地……"[1] 我一个学政治学的同学说，你把自己所在的小地方称为圣地，会让人很反感，中国那么大，让北大之外的人怎么看？这给年轻人、北大学生培养了一种什么心态？他的说法让我很受启发。夸夸其谈相当可怕，好像一种灵感让自己感动起来，但是飘过去了就什么都没有。

当然新加坡的研究模式有它自己的特点，很高效，但是很快也被技术化，自我重复，跳不出来，所以它需要思想上的领导者。新加坡学者在基本的知识、技术、写作能力的层面，真的没有问题，但要发展出一些新的做法和说法，把我们在亚洲的生活经历和纠结讲清楚，才有可能往

---

1 这句话出自谢冕的散文名篇《永远的校园》。谢冕，福建福州人，1932年生，文艺评论家、诗人、作家。

深处走。这需要跨界的合作，需要艺术的、政治的、搞社会运动的人来合作，把人的感受都讲出来。要允许试错，允许一些人不出成果，要着眼长期的积累，有这么一个生态系统。

吴琦：新加坡也没有这样的生态系统？

项飙：没有，现在缺这一块，但是他们的基础设施、规范程序真的是不错。他们能做的都做得很好了，但怎么样把不同的东西统领起来，有一个大的突破，再跳出来，这个目前还看不到。

吴琦：这里提到对长时段历史的重视，和您之前讲到和那位牛津院长的辩论时，您认为短时段历史往往能切出更具体的层次来，以及当时自己的研究对短时段的偏重，是不是有矛盾的地方？

项飙：当时我说长时段历史就像长篇小说，好像事情都能够用漫长的时间自己解释自己；我做人类学就像诗歌或者话剧，在非常有限的舞台上，要把事情更明显地凸现出来，不是更好吗？但那次我有点后悔，是当时的无知，对历史的重要性没有体会。其实好的话剧本身应该有很好的历史感，才知道什么值得呈现、什么不值得，什么话有意思、什么话没有厚度。

后面讲长时段历史，是针对民族主义和现在的政治，意思是不同的。长时段历史可以有两种用法，一种用法是建立连贯性，越长越好，显得更加一致，而且原点更加清楚，民族主义很重要的讲法就是有一个起点，这样一路下来。最典型的例子，当年讨论李四光发现石油，说这个几亿年前的事，是为了中华人民共和国准备的，是这么一种对历史的理解。另外一种理解是倒过来，正因为时间很长，看到人世间起起伏伏，有各种各样的安排，公共事务、权力争斗、利益分配是怎么回事，就知道现在这个格局，从整个长时间段里面看，其实是相当短暂的一段时间。这不是佛教的无常，认为现在的格局总会过去，人活在今世，国族总比人命要长，还是得认真地介入，但在介入的过程中——我们用一个学术研究的词——不要把它本质化。本质化就是认为它从来如此，一贯如此，应该如此；而去本质化是说，它现在如此，相对如此，以及马克思主义说的，历史的如此。"历史的如此"的意思是，任何事物都有它的历史，兴起、发展和消亡，都是具体条件下的具体反映。

这样来看的话，在知识分子里，我是比较同意民族主义的。这方面印度学者看得比较清楚，他们说英国贵族没有民族主义，只有反殖民主义的印度人才讲民族主义，英国贵族觉得他们非常地方主义，没有国际视野，自己才是从全人类的视角看全人类的问题。我们要学印度学者这种敏感。首先，没有所谓真正的全人类，全人类也是某一种视角。其次，我们如果也学你看全人类，其实是对自己在世界上位置的背叛，要尊重我们被殖民、被剥削的过程，必须靠民族主义来对抗那种普适、抽象的叙述。所以我觉得民族主义在今天还是很重要，我把它看作一种斗争工具，但如果认为这是中国人对世界格局、世界关系本质化的反应，那就一点意思都没有，因为我们知道民族主义在中国是晚清才兴起的，是很多人的斗争，把它消解成那样，其实很不负责任。

这是长时段的两种用法：是建立一种隧道，从一个点进来从一个点出去，好像在山洞里面，其他全封闭；还是要去看一看全景的山川，看到更丰富的场景。

吴琦：说到民族主义，也许可以从概念上进一步辨析民族主义和民粹主义的区别，尤其在今天，我们面对越来越多的现象在这二者之间游移，很容易混同，比如留学生群体的爱国、互联网上的小粉红、对特朗普等民粹领袖的拥护，这些应该如何去识别？如何找到民族主义当中比较健康和有机的部分，又不滑向民粹主义，在日常实践里，这中间是否有可操作的空间？

项飙：这个提得非常好。可能要看具体的案例，很难有一个标准去看什么是好的什么是不好的。欧洲的历史学家是把莱茵河西岸叫作市民的民族主义（civic nationalism），把莱茵河东岸叫作民族的民族主义（ethnic nationalism）。西岸的意思就是以法国为代表的共和主义，有共同的政治理念，不管什么肤色什么民族，只要尊重我的政治理念和宪法，都是公民。东岸是东欧、巴尔干，主要看你爹是谁、你姓什么、信什么宗教、皮肤的颜色。后者是种族性的，而前者是原则性的，一直有这个区分。这个区分当然过于简单，但是它说明了民族主义里可以有很不一样的色调。

民族主义情绪被调动的时候，首先要想到这不一定是坏事，也不一定是好事，要看你是从世界格局、权力关系出发来思考，还是从种族认同上来思考。如果从种族认同上讲中国，我觉得有问题，如果从抗衡美国霸权的角度，那就有一定的合理性，这个其实非常复杂。我写过，中国的社会主义革命其实是民族主义和国际主义紧密结合的，否则不可能有社会主义，社会主义是世界性的。官方界定毛泽东的最大贡献，不是建立了新中国，而是"伟大的马克思主义者"，他把马克思主义提到一个新的高度，是世界性的贡献。现在把他讲成一个民族主义者。中国有很多人都是民族主义者，包括章太炎、孙中山，开始排满，然后要共和，然后一部分人又走上社会主义道路，大家都在世界格局里寻找位置，民族这条线划在哪里，是非常动态的过程，不是天然给予的范畴。现在很多民族主义的情绪是把民族这条线给绝对化了，看不到历史上民族是怎么形成的。一个出路还是去多看细节。如果你今天不爽,觉得要通过民族主义说事情,那是不是咱们先坐下来把你的不爽讲透?看看民族主义究竟能在什么程度上解释、解决你这些问题。

新加坡启蒙

吴琦:在牛津您是通过教学、研究和聊天来汲取养分,在新加坡个人主要的工作是什么?

项飙:开会,有很多学术活动。在新加坡期间是我人生中最快乐的一年之一,完全没有负担,因为我是一个不被世界知道的人。博士论文已经做完了,准备出版。同时了解了很多新鲜的东南亚的事情,因为我们和东南亚靠得比较近,觉得很亲切,容易理解。新加坡的物质条件也很好,请了很多有名的访问学者,访问学者当然都很友好,因为在自己老家的系里有矛盾,出来做客人,没有利益之争,纯粹是思想上的交流。特别是杜赞奇在的时候,有很多讨论非常有意思,和生活融合在一起,去游泳去吃饭,就开始讨论。我几乎有一种启蒙的感觉,一下子把学术和政治的问题打通了。如果没有新加坡的经历，我可能写不出来《世界、学理与自我》[1]那样的文章。我开始进一步理解到学术作为人类实践的意义，比方说像瓦妮这样的人，她让我理解到电影、诗歌、艺术、民谣其实和学术一样，都是人类自我表达的方式。你想多可怕，我要等到那个时候才理解到学术是人的一种实践，到了三十多岁才启蒙，在牛津都没有理解到。因为从小到大，学习是天职，从来不问为什么学习，没有想过学术和寓言其实是一回事，跟唱歌是一回事。

吴琦：您说几乎是一种启蒙，还挺令人惊讶的，从北大到牛津，都是接受世界上最好学校的教育，同时遇到的是一个以启蒙与开放为名的大时代，却要等到毕业后在新加坡这样一个相对小的集体里，才找到这种感觉。

项飙：是，这个是我的幸运，也是因为我做博士后比较放松，终于有一点做人的感觉，之前都是要把博士论文完成。同时，在城市生活、经济方面，新加坡的排位非常高，教育也非常好，国民对艺术等领域了解蛮深。瓦妮的父亲刚刚去世，九十三岁，他是新加坡国立大学医学院的第一任院长，传染病专家，他能够把莎士比亚全集背下

---

[1] 项飙：《世界、学理与自我：一个中国人类学者的海外探险》，作为《全球"猎身"》的序言收入书中。

来，当然这个和他所受的英国殖民教育也有关系。

我们讲到中心和边缘，大有大的难处，而因为小，能看到的东西有时候反而更多。这个话听起来很奇怪，大的地方的东西不是更多吗？是，中国很大很复杂，但在中国，核心任务往往是消解这些复杂性，把它简单化、统一化，因为它怕这个复杂。但在新加坡这样的小地方，政治上当然要统一，但文化上要生存，不得不要强调多样性。

新加坡不可能有一个确定的自我，因为它的自我总是被别人所定义，所以要时刻观察全球的、地区的局势，让新加坡成为一个重要的中介国家（brokerage state）。李光耀，那么小的一个国家的领导人（新加坡比温州还小，温州有九百多万人口，新加坡只有五百万），能够在国际上有这样的地位，被世界所认可，和当时的其他元首关系非常紧密。李光耀的夫人去世以后，基辛格每周要跟他通一次电话。李光耀很清楚新加坡是什么，这么小的国家没人理，所以要观察大的世界，从周边的世界开始：新加坡和马来西亚、印度尼西亚应该是什么关系，然后新加坡作为远东的一部分，从英国的角度看，从美国的角度看，它和中国大陆还有台湾的关系。这样不断扮演中间人的角色去调和。光讲自己怎么样没有用，重要的是对局势的分析。新加坡这么小，但它有高度的智慧，small but smart，不断去观察别人，把自己嵌入，因为总是怕自己被别人抛弃。而"大"就总是从自己出发，觉得别人不能定义我，我要定义别人，不是去观察，而是去定义，动不动就反对这个宣扬那个，智慧程度反而慢慢降低了。

你的这个问题提得很好，为什么会在一个小地方受启蒙。正是因为把我原来那些大的象征性、符号性、固定性的思维，那种自大解放出来了。瓦妮老笑我，她一下子就能把我看清楚，估计她经常见我们这样的人。她说像我这样的是被国族的自我论述淹没，动不动就要讲大的东西，在不理解、不懂的情况下，把国族放到很高的层次上。新加坡就不能那么讲，它也没有自己的历史，就是一个小岛，1899年开埠，然后英国人殖民，后来又归了日本人。这样一段很短的历史，没有统一的语言，没有统一的文化，是一个"不应该存在的国家"。到现在为止，他们心理上的出发点还是这样，政府还是在不断提醒民众，"我们的存在，其实违反了历史的自然规律"，所以要不断努力，要走在历史前头。这个意思很深，这正是我们生存的意义所在，永远不能把任何东西认为是自然而然的。

对很多老百姓来讲，新加坡政府不断搞那个改这个，这很累，新加坡是极其清晰地自我认识到了"边缘"，化边缘为动力，而不是被边缘所诅咒。在小的地方，更清楚地看到人的世界。整个东南亚很有趣，你看国家很小很弱，但生活也可以很好，不在世界中心就没有意义了？

吴琦：作为对照的话，香港的确是有那种非常自觉地具有中心感的城市。

项飙：是，它是优越感比较强，这是一个问题。它也缺乏政治性格，觉得自己是一个天然的世界港口，好像是别人给了一个空间去享受，它没有形成对自我非常清晰的认识。

"盘根"式共同体

吴琦：您在新加坡的日常生活是怎么样的？

项飙：爱德华·萨义德[1]说过一句很有意思的话，他虽然反战，反对美国在中东的军事行为，但他说他非常喜欢军队的生活，日常生活都被照顾得好好的，吃饭什么的都不用发愁，可以专心做自己的事情。这就是过去的单位制。新加坡当时有一点那样的味道。我们住在宿舍，生活

---

1 爱德华·萨义德（Edward Said，1935—2003），当今世界极具影响力的文学理论家与文化批评家之一，后殖民理论的创始人，并以知识分子的身份积极参与巴勒斯坦的政治运动。同时他也是一位乐评家、歌剧学者和钢琴家。

和工作完全融合在一起，作为博士后又没有什么工作压力，没有上课任务，没有行政事务，是非常愉快的事情。开会都是在比较好的饭店，听到的内容也很有意思，所以那段时间进展非常快。我觉得工作最好的状态是不用计划，想写的时候就写，不写的时候一天两天不用管。同时又有一个环境给你兜着，在你懒散的时候，旁边也有嗡嗡作响的思想，给你托着，大家一起进步。当时亚洲研究所达到了这个程度，有很好的结合，有像安东尼·瑞德、杜赞奇这样思想性、理论性很强的人，又有一批新加坡本地的学者埋头苦干，在行政上、事务上安排得很好。

建设小世界，是要投入的，不是整天喝喝酒、说说话就可以，需要有细致的行动计划、目标、资源，又不能太多。有很多协调工作去做。比方说大家组织了很多读书小组，就要借书复印，这是有人投入才能达到的。这就是生态，一定要结合，既要有明星式的人物，也一定有托底式的人物，但明星和托底的人一定要感觉到他们是平等的，没有上下级关系。所以我说大学吃大锅饭是有道理的，因为有的人写东西写得不太好，但上课上得好，那就没有必要让大家都写东西，所以需要生态、共同体。太个体化就做不下去。

澄清一下，亚洲研究所也是比较特殊的生态系统，很多都是访问学者、博士后，特别强调国际交流，它不代表新加坡主流。新加坡最大的问题是从总体上不太鼓励生态多样性，每个人一定要发表论文著作，一定要拿终身教职，各个系的主流是这样，所以造成了他们一般院系里面的研究没有太大意思，产量很高，但没有太大的突破和亮点。

吴琦：当时和您一起在亚洲研究所的其他博士后、访问学者，现在在做哪方面的工作？

项飙：还有联系，成了私人朋友，大家还是在做各种各样的亚洲研究。我们希望哪天会有合作，关于再生产流动和生命经济。这个课题背后的想法是，现在越来越多的人流动，不是作为生产性的劳动力，生产性劳动力就是指在工厂打工，到农场做活。现在很多人流动是作为保姆、护理人员、学生、病人、退休者，或者去生小孩，这些流动都是为了对生命本身的维持和延续。我们把这些放在一块来看看世界是不是发生了变化。为什么"人的再生产"，而不是物的再生产，变得越来越重要？在流动的过程中，是不是告诉我们一种新的全球范围内的政治经济学关系？物的生产的重要性减弱了，人的生产的重要性上升了。生产出多少辆车，做多少双鞋，其实赚不了多少钱，不如好的大学、好的医疗技术、好的养老环境重要。"人的再生产"现在已经成为很重要的财富积累和价值的来源。背后的意思是，在国际格局中，谈中国崛起、亚洲崛起，如果只是追求物的生产，那肯定永远追不上。因为你在做太阳能板的时候，别人在新的"生活方式"上下功夫，而生活方式是赚钱的来源。

吴琦：大家各自回国之后，还是形成了一个可以持续交流的小的共同体，可以这么说吗？

项飙：我觉得是的，但不是刻意的，是很自然的。真正的纽带一个是共同的研究兴趣；再一个是个人关系，就是友情；第三是异质性，我们每个人不一样，我的研究想得比较大、比较空，但有的人就做得很细，有互补性。也有国度上的异质性，有的人做泰国研究，有的人做日本，有的人做中国。团体内部一定要有异质性，而且这个异质性要比较大，如果大家都是做中国某一件事的研究，那在一起能说什么呢？关系也变得紧张，到最后还有知识产权、署名权问题。案例不一样，视角不一样，甚至有的时候在一些根本问题上不一样，也没有关系，可能有的人觉得我这种做法太空，不可能实现，但也可以聊，这种"空"可能对他也有启发性，有想象力。国内的主要问题还是异质性不够，同质性的合作关系深化不下去。

吴琦：是不是这种理想的学术共同体在任何单一的国家都很难实现，反而是要跨越一些国家、民族、机构之类的界限之后，超越具体的工作和利益关系，才能形成这种纽带？

项飙：绝对的，所以说学术机构的体制化一定会带来限制，我们需要大量的"盘根"，通过个人自由地去发展自己的伙伴，形成自己学术的思想生命。如果一定要把它们都体制化，体制就是等级性的，像塔一样，那就完蛋了。盘根这个隐喻很好，是横向的、开放的、盘错的，每个方向都可以生长，到最后互补，互相汲取营养。

吴琦：新加坡、中国香港，北大、牛津，您亲身经历了几种不同的学术组织的方式和机构，能不能做一个比较？

项飙：这个很难说哪个好，因为每个人的历史太不一样，所以关键要看是谁在做这个比较。如果你从牛津出发，就一定要学新加坡，比如说行政人员的效率应该提高。如果是中国的大学，可能就要先学新加坡那种低姿态、无趣、扎实地建设基础性的制度。

吴琦：在您做个人选择的时候，优先级会是怎样的？什么是您对一个学术机构或者体制最重要的评判标准？

项飙：我个人感觉是综合性的生存状态最重要，在那里的生活每天是什么样的，跟谁聊天，基本要完成什么任务，我会考虑得非常具体，这种具体会给我一个总体的感受。为什么要具体，因为具体才可以感受得到，不仅在脑子里，也在心里，然后形成判断。具体的感受当然和制度设计有关系，但没有很强的一对一的因果关系。有的制度

"盘根"式共同体

设计非常不合理、荒谬，但下面的空间也不小，也可以生存，这个就要智慧地去把握。比方在中国的机构，和现实矛盾的切近性很强，这方面的刺激非常多，而牛津这个地方距离感很强，也能带来思考。不过我现在最大的焦虑是关于我自己，做不出东西来，自己很紧张，换来换去都做不出来，也没有意义。

对一般读者来说，这一定要以"我"为主去判断，看能不能在机构里面创造出自己的空间。和同事之外的人合作，发展出自己的盘根，自己的小宇宙、小环境、小世界，这可能是最重要的。

吴琦：在北京的访谈中，您说到自己对共同体的感觉比较弱，那么对于一个学者来说，拥有一个或大或小的学术共同体到底有什么意义？

项飙：我觉得学术共同体非常重要。现在我们中国的学术共同体相当弱，因为学科体制化、符号化。你想象一下，比方说教育部要搞什么改革，不可能形成一种公共性的反对意见，在这个意义上基本没有共同体可言。虽然思想上也有碰撞，但我感觉比较弱，那种 1+1 ＞ 2 的合作比较少。我上次说自己没有共同体感，这是客观事实，但这并不应该。正是因为这样，我们要去构建共同体。共同体永远要在构建当中才存在，即使是原来非常合理的共同体，停滞之后也没有意思，就变成了协会、学会。在构建的过程当中，要对社会事实、学术研究、思想理论和方法的现状都有一定的讨论和共识，然后形成我们的策略。中国非常需要建设这样分散的无形的学术共同体。

吴琦：您自己也要参与到这个建构的过程当中去？

项飙：对，不参与就不可能有共同体感，那么共同体感就是假的，就是一种符号认同，对学术建设来讲，更没有意义，因为把很多真实的问题在共同的符号假象下消解掉了。

吴琦：具体是怎样参与呢？已经开始了吗？

项飙：刚刚开始。一个是我希望跟艺术界的朋友多联系，回到前面，共同体需要异质性，其实搞研究的和搞文艺的人可能更能建构共同体，因为有异质性，互相可以学到东西，有吸引，有碰撞。

第二个就是我们在中央民族大学、北京大学都在推进海外民族志研究。这是中国人类学一个很大的短板。这一块要是不起来，中国的社会科学以及整个中国的国力都是不够的，对世界的了解停滞在贸易、军事和国际关系的情报上。这方面我们也希望建立一个共同体。能不能给政府提供决策，是我们完全不能掌握的事情，也不应该太考虑，我们的目标是培养一种大众之间的世界性的共鸣。当年轻人背包旅行的时候，怎么样去看待那些让自己不适应的情况，通过对别人的观察，去理解，把自己问题化，重新定义现存的社会问题。我们就国内研究做国内研究，提出的很多问题都已经被界定了，往往提不出新问题，老问题也用老套路解释，走出去则可能给我们刺激。另外，也能培养一些外交人才，确实能对当地的文化习俗有了解，会讲那里的语言，去过这些地方，知道车怎么坐，知道他们的教育制度是怎么回事，这些积累都非常重要。英国这个帝国为什么实证主义那么强，跟欧洲大陆不太一样，和这个也有关系。靠这种实证的材料，本身也不一定有什么深刻的意义，但材料积累起来，就看出一个样式，不是推演式的，而是归纳式的。这算是建设第二个共同体的努力。

跨国性的自洽的小世界

吴琦："跨国性的自洽的小世界"是一个很有意思的表述，今天各行各业的年轻人都有这样的机会，可能也正在这样做着。您认为应该怎样去构造这样一个小世界？它到底意味着什么？

项飙：韦伯（Max Weber）讲得很清楚，理性化可能是一种牢笼，所以我们都渴求通过一种有机的个人性的盘根式的小世界抵制这个体制。前面讲到，这个小群体越是具备异质性、多样性，它的抵制的能力就越强，就会更加有机。如果它是跨国的，首先就意味着异质性肯定比较强。体制本身一个很重要的特点就是空间上的封闭性，和国家紧密地联系在一起，是管道型的，所以体制中的东西很难跨国。我们当然可以以国为单位做国际合作——我代表这个国家，你来自那个国家——但这不能说是"跨国"。跨国的意思是已经看不出国界线在哪里。跨国的逻辑是可以打破国家、国族的体制，创造出替代性的空间。这种多元视野的碰撞，对自己思维的刺激很重要。

小世界不是安乐窝。对于学者来讲，小世界首先是一个被构造的过程，其次是不断骚动的过程。你构造它，它逼着你，刺激你去反思自己，批评自己，不断冲破原来的理解。它越是活跃，越是骚动，给你的安全感越强，因为你的生存就是你的思考，如果不断在思考，就很明确地感觉到自己在生存，不用为生存害怕，因为思想活着。跨国的过程，刺激比较大，正是这样的刺激，让你感觉更安全。有意义的小世界必然逼着你不断自我怀疑、自我反思、自我改变、自我突破，但又比较自然。

吴琦：在这种跨国行为和网络之中，尽管产生了非常有益和丰富的交流，但对于本土的学术生产、思考和实践

跨国性的自洽的小世界

来说，真正的作用是什么？能够完全转化过来吗？

项飙：从知识生产来讲，地方怎么样进入全球，但又不被它吃掉，这个确实很难。罗安清（Anna Tsing）讲过全球知识体系的形成[1]。比如说植物学的分类体系，瑞典的生物学家林奈[2]使用拉丁文来包括这一切，形成全球性的命名体系，但是这个体系所依赖的基础性知识都是来自各个地方。非洲的植物肯定最早是用非洲的语言来描述，包括它的名字、用法、意义，世界知识体系吸纳了这份信息，然后用拉丁文进行分类，把非洲、亚洲很多当地语言对植物的界定、描述替代掉。所以国际知识体系的形成，同时也是对地方知识的消除。造出一个体系之后，如果要学植物学，就要学拉丁语。所以第一，要对所谓现存的国际性或者全球性有很强的警醒，这是人造的一个体系，真正的全球性只存在于无数的地方性之中。贝多芬是全世界的，但他首先是欧洲的，不是非洲的，不是拉美的。为什么欧洲的音乐家比非洲的音乐家更"全球"？这是个问题。

第二，也要把究竟什么是本土想清楚。我们碰到乌干达的朋友、苏格兰的朋友时，我们要了解他们的本土，同

---

[1] Anna Tsing, *Friction: An Ethnography of Global Connection*, Princeton University Press, 2004.
[2] 卡尔·林奈（Carl Linnaeus，1707—1778），瑞典植物学家、动物学家和医生，瑞典科学院创始人之一。他奠定了现代生物学命名法二名法的基础，是现代生物分类学之父，也被认为是现代生态学之父之一。

时又要建立一种共通性，这里就要把握好"层级"的问题。"层级"的问题，问的是本土如何转化为共通？我们之间一开始的重合究竟在哪里？在我们共同建立起来的东西里，哪些经历被抽象了，哪些被提炼了，哪些被删除了？要把这个过程想得很清楚。所以，地方性和全球性都是人为的。构建跨国性的小世界，不是说会给本土研究额外地带来什么，而是会把本土的意义，本土本来就有的那份能量激发出来。

吴琦：《全球"猎身"》的研究，是不是能作为展现地方性与全球性关系的一个具体例子？

项飙：《全球"猎身"》是想说经济的全球扩张是建立在这些地方性的基础上。因为印度有种姓制度、婚姻制度，才给全球体系提供了这些人力。全球体系也是人做出来的，那就要问是谁在做？为什么这些人能做？工资那么低，人从哪里来？里面是什么道理？就看到性格、种族、培训体系这些因素。这可能是一个比较好的例子，从很具体的地方到全球性体系，是怎么一步一步挂起钩来的。

吴琦：您说到和亚洲学者更能聊到一起，这背后是不是意味着，所谓跨国性的小世界，仍然有其边界，这个边界是什么？

项飙：小世界当然有边界，没有边界就不成为小世界。什么叫边界？边界的意思不是要定义我和他的不同，而是指我们一定要有内核，有内核就比较容易聚集在一起，形成共同性。东亚学者比较自然地形成对话，因为我们的生活经历，特别是焦虑，比较一致。这客观上好像是有边界，但出发点不是要画边界。

吴琦：那您怎么看"东亚现代性"这样一种学术框架？先验地把中国、日本、韩国作为一个整体、一个单元来讨论，似乎也不是您的初衷。

项飙：这个说得很好，我不是要提倡一个东亚共同圈的概念。有人那么去做，我也觉得没有什么坏处，但我也看不出价值，那不是塑造一个有机的共同体，而是塑造一个标签。80年代讨论温州模式，这个概念对我来讲也没有任何意义。

大学应该寻找例外

吴琦：沿着共同体的问题，我们再具体一步，对今天的大学还有什么样的期待？大学应该做什么样的事情？从您在牛津的实践联系到国内的现实，中间好像有很大的差别和张力。

项飙：每个时代大学的功能都不一样。我们进入了一个物质相对充裕、城市教育水平相对高的时期，所以"人的生产"变得越来越重要。我们前面提到过，很多问题不是通过经济再分配来解决，这里面有人的各种各样的诉求，所谓人民群众对物质精神文化生活需求的多样性，这是很真实的。在这样的情况下，我们大学培养什么样的人，确实是一个非常重要的问题。我再重复前面说过的话：大学就是给你一个环境，让你在人生比较特殊的四五年当中去探索自己，探索这个世界，允许你犯错误，允许你做疯狂的探索，让你对事情产生理解，当然也学到了基本的知识和技术。这是我对大学的理解。我认为大学的教学功能肯定高于研究功能，今后的研究应该还会发散出去，跟产业结合。我前面也说过，大学不是去树立范例，而是要去寻找例外。

吴琦：历史上哪个阶段的大学教育，比较接近您说的这种状态？

项飙：一直不太有，60年代的大学当然比较例外，在欧洲和美国，像伯克利、牛津，一直有各种怪人，但这又是跟他们的贵族背景联系在一起，因为他们是贵族，所以可以例外。他们最左翼的人都是来自最优越的家庭，确实读过很多东西，可以背叛，为精神去牺牲。

以中国来说，新中国成立后说要开门办学，废除考试制度，要工农兵进学校，这都是很好的想法。70年代末，恢复高考，怎么理解这个事情？现在去看那些改革开放四十年的回顾，都认为恢复高考是很重要的机会，觉得这是天经地义的事，恢复高考就说明社会恢复了基本的理性，实现了基本的正常，但这是谁的正常？对农民来讲，恢复不恢复高考，对当时90%的农民来讲影响不大，但是恢复高考把此前的官僚和城市知识分子一下子拢进来，其实是一个政党和当时社会主义体制下的精英的重新联盟。大学当然是搞精英主义，你看现在回忆恢复高考的人，很多都是干部子弟，从农村回到城市，不仅恢复了原来比较优越的地位，而且用这种途径在文化、道德上使自己的优越正当化、合法化。这种体制下面的大学，代表着理性、正常、合理，在整体环境比较和平的情况下，大家都追求正常，不仅在中国，整个亚洲也是。追求例外的精神不太强，可能只有五四时期，在北大这些地方，既有辜鸿铭，又有鲁迅，共产党也是在那里萌芽发展出来，那确实是一个大家都在追求出路、追求变化的年代。现在我们的大学是主流中的主流，大学也以此为豪。

吴琦：西方的教育和大学，在追求例外这一点上，现在依然是成功的吗？

项飙：我觉得在一定程度上说是的。你可以说它很虚伪，因为到最后也是一个阶级再生产的过程。这个可以类比，比如现代艺术，一开始杜尚[1]惊世骇俗，但很快就被吸入正统的现代艺术，结果成为人人追求的目标。比如鲍里斯·约翰逊，曾经的伦敦市长、英国外交大臣，他写过九本书，一直是例外，最后还是进入当权派。这些例外有可能是很不负责任的，但通过这种例外，整体上会不断地给当权派带来活力，也不断改变它。

吴琦：您举的几个例子，60年代、五四时期等等，似乎都是在和某一个对手对峙，对它不满、批评、冲击和挑战的过程中，我们期待中的那种大学的气氛才被调动出来，形成思潮？

项飙：这个和我们说的例外不太一样。如果是在有强大的敌人的情况下形成的共识，比如60年代，日本东大打出的标语是"打倒帝国、解散东大"，东大男学生撒尿时要朝着美国大使馆的方向，那是历史的例外，非常激动人心，但不可能是长时间的，今天来讲对我们没有很直接的参考价值。2018年也是1968年的五十周年，很多人讨论1968年究竟留下了什么，在生活方式上改变了多少，

---

[1] 马塞尔·杜尚（Marcel Duchamp，1887—1968），美籍法裔画家、雕塑家、国际象棋玩家与作家，20世纪实验艺术的先驱，被誉为"现代艺术的守护神"。其作品对于第二次世界大战前的西方艺术有着重要的影响，达达主义及超现实主义的代表人物之一。是他第一个给蒙娜丽莎加上两撇小胡子，将小便池当作艺术品送去参展，他的出现，直接影响了二战后西方艺术的发展历程，改变了人们认识艺术的方式。

这个也值得讨论。我们的 80 年代其实也可以说是在搞例外，但最后积累了什么还需要整理。有一个很强大的共同敌人，大家有一种反抗性的姿态，在历史的某些时段中是必要的，但也有它的问题，会简单化，思想上的创造力更有限。

我们讲的例外更是个人性的，大学自己不一定是例外，但大学允许、鼓励大家寻找例外。大学还是很温和的地方，不应该是一个愤怒的地方。在今天的情况下，在总体温和的情况下，每个个体去寻找例外，在没有共同敌人的情况下找出那个例外，可能更深刻。敌人是谁，敌人可能就是自己，所以要更深刻地反思，反思对象是周边很亲密的人。两年前，北大学生对后勤职工做过一个调查，对他们的基本生活状态做一些了解，结果出来以后还比较引人注意。这是大学应该做的事。这个说不上是寻求例外，但离开主流，稍微迈出一两步，已经有很好的效果。

吴琦：这种例外感，是不是也正是北大自五四以来的中心感的根源？也就是您此前批评知识分子和精英时所指出的问题？

项飙：北大中心感的来源，是认为自己是代表历史的步伐，它的反抗代表历史的前进，是正确的方向，所以本质不是反抗，是前进，和抵制很不一样。抵制是弱者的，农民少交一点税，维持自己的生活方式，不要让别人干预。但北大是英雄主义的，要前进，要打碎。从研究的角度看，跟抵制联系在一起的应该是怀疑，但北大的情景不是怀疑，是坚定认为自己是对的，是中心。在当时的历史阶段中，完全合理，但一直这样下去，就很危险。我存疑的地方是它的自信，感觉自己掌握了历史、掌握了真理的那种自信。

吴琦：后面是更加复杂的情况，当权力资源化，也就消解了最初的前进性，都被打碎了。

项飙：那是肯定的。所以符号化还是蛮有意思的话题，我在做研究生的时候，蛮想研究中央电视台周边的情况，梅地亚宾馆那时候是很风光、神秘、风流的地方，周边非常复杂，成为一块肥肉。因为中央电视台成了一个垄断的符号，被对象化了，成了工具。它又是那么巨大的一个光环，有多少人愿意进这个机构，要进这样工具化的牢笼，它也利用自己是工具去逐利。

吴琦：对北大工具化、资源化的这些感受和判断，是在您求学阶段就有了还是离开学校之后有的？

项飙：当然是在后来才有的，求学阶段我们看不出来，觉得都是好的，主要也是2008年之后，突然有那么多钱和资源进入大学，过去也没有那么有钱，大家都发牢骚，感觉不到太多这种迹象。当然在哲学意义上来说，人都是互为工具，什么时候被利用，什么时候利用别人，在每一个环节当中都是复杂的,这时候就需要一些基本原则,要看具体的情况怎么分析。

吴琦:这些基本原则应该是哪些?

项飙:要知道自己的价值是什么。老师的价值是培养人,那么怎样培养人?培养什么样的人?不只是政策研究,明明知道它没有价值还去做,这不就是违背了自己的原则吗?这个其实不难的。我们现在去开会,听到最多的词就是妥协,认为妥协是一种智慧,听起来很有意思,但妥协来妥协去就妥协没了,不是说不需要妥协,但基本的立场讲不清楚,那就无所谓妥协,因为妥协也是一种主体行为。

吴琦:接触国内的学界,您的感觉是什么?对目前文化、教育、艺术界的状态,我一度感到比较悲观无力,有的时候真是不能接受这种普遍的沉默和不作为,这可能也是我们想要做这个访谈的一个动因。

项飙:总的来讲,确实有意思的事不太多。说老实话,学界的进步比我原来想象的要小,我原来认为国内那么多变化,听他们一讲,提的都是很有意思的现象,却没有什么分析,蛮奇怪的。

个人经验问题化

吴琦：在发表完"浙江村"和《全球"猎身"》两项研究之后，中文世界里就比较少看到您的专著或调查研究，但时常能够读到您在理论、研究方法方面的专门文章，这背后是不是有一些学术路径上的转变？

项飙：新加坡在一定意义上是一个终点，我完成了博士论文《全球"猎身"》，书在那里写完。但另外一方面，我说有新启蒙的感觉，它其实也是一个新阶段的起点，我感觉到学术研究的意义，跟唱歌和跳舞是一样的。在新加坡之后，我回到牛津工作，开始做东北的调查，重新开始和中国建立比较强的关系，做调查。这时候我觉得重新再做个案研究，好像意思不够，要去想一些比较大的事情。当时我做的东北研究的题目是"劳动力输出中介"，背后的思考深度真是不够。

让我转型的是一系列的中文写作。《世界、学理与自我》那篇文章，其实是一个总结。然后是《寻找一个新世界——中国近现代对"世界"的理解及其变化》[1]那篇文

---

1 项飙：《寻找一个新世界——中国近现代对"世界"的理解及其变化》，《开放时代》2009年第9期。

章，也是在找自己的位置。我重新开始在中国做调查，同时开始在国内做演讲。《普通人的"国家"理论》[1]就是在中山大学的一个演讲。这些都是关于世界、国家、全球化的讨论。那时候开始看一些比较大的问题，和我原来做的研究关系不是特别大，但是这些问题都是我在调查中观察到的。"浙江村"当时给我一个很大的教训。我们在那里搞社工小组，想要培育他们有自我保护、自我组织的能力，更好地在体制之外生活；但他们希望通过我们北大的社团帮助他们和国家建立联系，把他们更好地整合到体制内部。后来在调查出国劳务、中介行为、上访和其他问题的时候，逐渐对这个事情有新的想法，想写得比较大，然后发现自己在理论资源上不够。也意识到很多大的问题在历史上已经有很多很有意思的辩论，而我全部都不了解，我觉得要补课，所以和汪晖老师以及其他几位同事一起做《辩论中国》读本项目，这个项目做了好几年，现在也不知道什么时候能结束，但是我觉得非常荣幸，在这个过程里我学到很多东西。

如果没有这个转型，我可能不会写关于香港、关于知青的文章，和我以前的风格不太一样。如果没有那些文章，可能也没有我们今天这个访谈。以前，别人可能觉得

---

[1] 项飙:《普通人的"国家"理论》,《开放时代》2010年第10期。

我能做比较好的学术研究，但不会觉得这是一个做公共性讲话的人。其实我喜欢公共性，这个和北大有关系，所以写这些文章，就觉得自在、愉快。但现在的挑战是，怎么样把大的想法深化下去，跟自己的实证调查结合起来。因为思想性的东西很散很大，想象力很强，但要真正去验证它很困难，需要来自很多案例的材料。作为一个个体学者来讲，短期内没办法解决，有了这种发散性的思维之后，看自己的材料也变得很发散，一个材料里可能生长出不同的点，要真正把一个点做好，又需要新的材料来补充，这就变成每天工作都不知道最应该做的下一步是什么。我不断探索，很多东西写了很多稿，就放在那里，东北调查的出书合同是2008年签的，已经十年了，完成不了。但我估计这个经历不是独特的，很多人都会有这种写作上的危机。直观的感受就是对写的东西非常不满意，觉得调查也不够，思想也不够，但又不知道可以怎么样去提高。

我现在同时也做一些评论性的思考，这成为我往前走的一条线，但这是一条辅线。比方我在写关于清理问题（外来人口）的文章，发现也很困难，因为需要很多材料，拿到材料是很困难的，一个是时间上的问题，再一个事件本身的过程非常复杂。这样一篇文章要想写出满意的成果来，都是很困难的，所以很没有底，很慌。

目前这几个月的工作有三条线。一条线是去看一些很

个人经验问题化

具体的问题，想推进一些工作，这是半学术、半公共地参与，写《扫地出门》[1]的序言，也是评论性的，带进一些自己的思考。这应该是辅线，本身不是积累，是应用，比较容易做。第二条线，跟踪一下人口清理的问题。是从2001年开始，特别是2003年收容制度废除之后，尽管户籍改革没有很大突破，但流动人口的政策变得比较宽松，这么多年来一直是往这个方向走，怎么会在2017年底有这么大的转折？现在的清理和2003年以前的清理是不是一回事？我认为它们几乎完全不同，现在形成了一个新的权力运作方式，要把这个讲清楚不容易。这是比较具体的一个项目，以前没有准备，事情突然发生以后，我觉得需要有人做分析。第三条线就是这几个大的项目，继续做关于流动人口的研究，特别是基础设施型权力[2]；还有再生产性流动，再生产如今成为世界经济主要推动力；再有一个是宗教民族问题，这个基本上搁浅了，由于实地调查的现实原因，很难往下推。这也增加了苦恼，这应该是我的主活儿，去积累原始材料，投入了很多，读了很多，但实地调

---

1 项飙：《家：占有与驱逐》，见［美］马修·戴斯蒙德著，胡䜣谆、郑焕升译：《扫地出门：美国城市的贫穷与暴利》，广西师范大学出版社，2018年7月。
2 "基础设施型权力"是美国历史社会学家迈克尔·曼（Michael Mann，1942—）提出的概念。基础设施型权力和专制型权力相对，它通过对社会生活的渗透、通过对社会行动的协调和服务而达到管治社会生活的目的。比如通过修建高速公路、修建大转盘来调控交通，就是一种基础设施型权力。

查去不了。

　　第一条线大家直接能看得到，但其实是辅线，多做少做，心里倒没有什么负担；第二条线也很重要，是一个知识分子面对社会应该做的工作；关键的问题是最重要的第三条线很难推进。没有第二、第三条线，第一条线会变得很短、很碎，开始重复自己，这是我挣扎的原因。转型欲望的出现是比较自然的，就想讲得深一点、大一点，没想到那么困难。

　　这里就要讲到基本功的问题，基本功就是把大的思想和具体材料结合起来，能够一步一步深入下去、持续地做下来的能力。我在这方面还是很欠缺。以前做的是从很明确的具体材料出发做一些解释，或者从一些模糊的大的现象出发做一些评论，但真正要结合起来，把一个问题精确地讲清楚，到现在为止，我还没有一个作品达到那种样子。我现在在看西方社会科学训练的一些设计，看他们是不是埋下某一些训练，让学生今后能够做到这个程度，或者是他们也没有？到现在我都不知道这个功夫是怎么练出来的。这和个人性格，人文教育都有关系。比如对宗教的了解，确实会培养一种气质或者灵感，对那些人怎么理解生命、死亡、不幸这些事情会比较敏感，就会注意看很细的东西。我发现一些有宗教情怀的人类学家做得比较有趣，因为他们在这方面看得很细。

吴琦：您认为哪些老师、哪些作品曾经达到过这个标准？

项飙：经典的人类学研究当然很多了，对我自己影响最大的可能是保罗·威利斯[1]，他的书《学做工》已经翻译成中文了。

吴琦：您讲到转型的困难，其实也是一个把个人经验问题化的例子。之前在新加坡做博士后的时候，您肯定没有想过要从自己的个人经验出发来讨论什么问题。是不是在处理切近的问题，需要把实际材料和大的问题相联系的时候，个人的经历必须成为某种桥梁，至少也是提出问题、产生问题的一种介质？

项飙：确实是这样。对我来讲，个人经验的问题化起源就是对自己的不满意，讲来讲去都没有深度，不有趣，于是开始抱怨，抱怨体制、抱怨父母、抱怨童年，这样开始问题化。个人经验本身并不重要，但把个人经验问题化是一个重要方法。我们关心的是世界，不是自己，现在关键是从哪里开始了解这个世界，同时也更好地了解自己。

---

1 保罗·威利斯（Paul Willis，1950— ），是英国有影响力的社会科学家，在目前社会学和文化学领域的研究中也享有盛誉。保罗·威利斯的作品主要涉及社会学、人类学和教育学领域，并强调消费文化、社会化、音乐以及大众文化。现执教于美国普林斯顿大学社会学系，是《民族志》期刊创始人兼高级编辑。其 1977 年的作品《学做工：工人阶级子弟为何继承父业》（*Learning to Labour : How Working Class Kids Get Working Class Jobs*）被誉为 20 世纪社会学、人类学和教育学的经典著作之一。

把个人自己的经历问题化，就是一个了解世界的具体的开始。我对自己不满意，看自己的成长经历，同时也要看自己和这个世界的关系，别人怎么会想到这些事情而自己看不到，这样才能不断地看到很具体的世界。

自己的经验都不是自然发生的，都是在一定的情景下发生，有它的历史、来源和局限。问题化的意思不是把它变成了负面意义上的问题，把它割除掉，而是要更好地去拥抱它。像我也是，各种各样的弱项、缺点，问题化之后其实就理解到自己是怎么过来的，要跟这个局限共存。它和自恋是相反的关系。它的指向肯定是外在的，是把自己对象化，把自己的经验对象化。这个在心理上也是一个蛮好的运作，把个人经验问题化以后，比较容易心平气和，不是说那种通透的看法，而是刚好倒过来，你看到，世界其实是复杂、变动的，我在这么一个位置，很多时候让我不愉快，但这是大的格局，所谓"认命不认输"。我的挣扎本质上不是问题，当然每天有心慌，通过静坐、瑜珈、喝绿茶这些方式来缓解，但挣扎是活着的一部分，和不挣扎比，我肯定选择现在的挣扎。

吴琦：我们做这次访谈，一开始您也顾虑过不要谈那么多的个人生活，而是在这个过程中逐渐发现，把自己作为样本、个人经验问题化这样一个路径，可能是有效的。

项飙：一开始的确没有这样的想法，是在聊的过程当

个人经验问题化

中感觉到这是一个很好的讨论问题的做法。从个人经历开始，谈到一些大的问题，怎么嫁接这两者，这就是问题化。经历本身成了需要解释的问题。一开始，我们聊天主要还是谈思想，怎么进行社会干预，当时觉得个人经历只是背景，现在它成了基础性的材料。具体怎么问题化，需要知道很多东西，比如上小学的时候教育体制是什么样的、经济和社会是什么基本情况，得有这个历史知识；对其他同学是怎么做的、后来发展怎么样，也得有观察，如果观察不太准确，问题化一下子就偏了。所以它是一个切入点，一定要运用更广泛的知识，指向更大的存在。盘根式的思考方式都是连接性、互通性的。"打通"是什么意思，这个词我们已经说了很多遍了，打通就是回到实践，因为实践是最盘根、最通的！怎么样回到实践？从哪里回到实践？就是要从这些书本上学到的概念、范畴、理论、教条、框架离开，新的基础就是实践。但实践是那么流动、那么无情，怎么把握？个人经历就是开始把握实践的起点。

牛津访谈

新研究

吴琦：我们比较多地谈到了您在公共演讲、媒体访谈等方面更社会性的工作，这的确也是一开始的初衷，但回过头想，关于您最近在做的主要研究工作，反而涉及比较少了。这两部分的关系是怎样的？

项飙：咱们没怎么谈我自己的研究内容，因为研究针对的东西比较具体。比方说出国中介，可能针对的是现在的政府以及国际组织、NGO对劳动力流动、招聘的管制和其他做法，要对那些进行分析或者提出政策建议。这里一个中心议题是市场的行政化。劳务出国现在基本上都放开了，市场化了，但这个市场绝对不是一个典型的平等性的市场，而是等级化、行政化的。我们一般说行政化和市场化是两个对立的东西，但市场化的关系本身很快等级化和行政化了，这背后的原因是什么？一方面市场有这样的内在动机，因为要利润最大化，靠垄断，靠掌握上游资源。第二个原因是现在政府和国际组织越来越强调要保护人权和流动的有序性、合法性，在这方面管制很多，使得某些商业性中介有更强的合法性，因为他们有能力把材料做好，让你感觉到它很合法，能够保护劳工，至少不会出现恶性事件。他们掌握这个资源之后，就利用这个能力来保护自己在市场上的地位，攫取超额利润，主要靠这个赚钱，不靠实际的招募、对劳动管理的日常工作。实际工作发包给了下面一些小公司，小公司就可能会做各种各样不太合法的事情。

比如，再生产和学生的流动就很有关系，现在的英语教育、出国留学，不仅是简单的镀金，而是要改变人本身。家长们不仅仅是想让孩子读个洋学位好找工作，而是越来越觉得国内的教育不符合人性，把孩子的天性快乐搞没了，出国是为了保护"人"。这背后不是简单的理念问题，是一个根本性的社会应该如何延续自己的问题。

我本来还想研究从西北去东南沿海做阿拉伯语翻译的这一批穆斯林，这些孩子是在西北辍学的问题少年，经常打架，家里很担心他们学坏了，就送到清真寺学经，在那里学到一点阿拉伯字母、语法，然后突然在2000年代初有机会成了翻译。我想看这个群体对宗教的理解、对中国的理解，在这样一个经济全球化贸易的过程当中，和具体的中国市场运作怎样搭配在一起，比如义乌市场、广州的天河市场等等。到最后，我关心的是中国社会内部的多样性。我们讲过中国内部客观存在的多样性，但我们的政治理论话语对多样性问题一直没有很好的能力去处理。当时想做这个题目，但非常困难，准备了很长时间，写了一点东西，基本上搁浅了。

牛津访谈

社会主义条件下的民族自治,背后是一个独特政治,我叫它超越性政治。民族自治这个概念在欧洲的社会主义里有传统,列宁是特别强调民族自治特别是文化自治的。我看过一个历史材料,列宁受他父亲的朋友、一个东正教传教士的影响,这个传教士非常强调一定要用本土语言、本民族语言去传教,不能用拉丁语,不能用俄语[1]。这也是基督教传教中的普遍做法。牛津的苏慧廉[2]就在温州把《圣经》翻译成温州话。在我现在办公室的对面,有一个机构也专门做这种翻译,把《圣经》翻译成各种土著语言,所以传教士成为最早对土著文化有深刻理解的准人类学家。为什么强调本土语言?列宁父亲的朋友解释,要真正通向上帝,必须通过自己的语境和语言,那是通向上帝唯一的思想途径。先学俄语或者拉丁文、英文,那个路不通,和上帝不接近。要通过每天吵架、和爱人小孩说话的语言通向上帝。这里对多样性的强调,和它的超越性有关系,既然我们有共同的未来、共同的理想,眼前的多样性就不是一件可怕的事,反而非常有趣、可爱。列宁对社会主义民族自治的看法也是这个意思,既然大家都

---

[1] 这位东正教传教士是 N. I. Il'minskii,见 *A Neglected Source of Lenin's Nationality: Isabelle Kreindler.* Slavic Review, Vol. 36, No. 1(Mar., 1977),pp. 86-100。

[2] 苏慧廉(William Edward Soothill,1861—1935),著名英国在华传教士,在中国温州传教二十六年,牛津大学中文教授,英国知名汉学家。

奔向了共产主义，那么语言、生活方式的差别，没什么大不了。大家通过最亲切的本土生活方式去理解、达到共产主义，共产主义在不同的地方有不同的实现方式，不是很好吗？

当时苏联共产党为什么会这么自信地许诺大家搞民族自治，今天很多人解释成一种简单的功能主义，说列宁是希望各个民族起来推翻沙皇，破除沙俄体制。事实恐怕不那么简单，背后是有理念的。这方面，我们50年代确实实行得比较好，去少数民族地区的汉族干部，就是要学维吾尔语、学藏语。可一旦失去这种超越性的共同理想，问题一下子就变了，只能靠物质利益、靠再分配解决问题。

吴琦：这些研究都很有意思，在内容上都是关于流动的现象，在问题意识上又有非常清晰的中国关怀，这么延续下来，看到您谈香港问题，也就不奇怪了。

项飙：当时香港有那么多人做共产党的铁杆，像司徒华搞工会，那就是靠理想。当你有一个明确的政治理念，很多人不同意，但有的人会很同意。后来为什么有麻烦，我觉得更深刻的问题是完全商业化。通过和富商合作，不再是港人治港，而是商人治港，通过利益关系委托有钱人。即使是在香港极度商业化的情况下，商人治港也治不了。我理解的多样性可能和描述意义上的多样性不一样，不是单单说有不同的文化、不同的自我认同，而是说怎么样使生活的状态不要被单一化为金钱关系、利益关系。其实是一种反单一性，反对公共事务被单一的逻辑所掌握。现在我们共同的超越性的理想没有了，下面又没有空间，大家每天糊里糊涂。我不是西方式地庆祝多样性，觉得多样性一定好，这不是我论证的目的。我要说的是单一化之后非常危险。

吴琦：您和汪晖老师合作的那个读本，也有组织讨论的意思，可以介绍一下那个项目的情况吗？

项飙：这个读本是希望对中国的近现代社会思想辩论有一个展现。我们选了十个比较大的辩论，和大家生活有关系的，比如"妇女回家"[1]这样的辩论。这个辩论从20世纪二三十年代开始，经过了好几轮，最近又有政协委员提出让妇女回家，说是为了保持就业、家庭的稳定。我们把这些文本放在一起看，看辩论的线索是怎么变化的。

再一个是关于离婚问题，遇罗锦[2]要离婚，理由是没

---

1 20世纪以来，有过几次关于妇女回家的大论争：30年代一次，80年代初一次，80年代末90年代初一次，世纪之交一次。这几次论争固然有着不同的历史背景，但都跟经济和就业问题有关。

2 遇罗锦，1946年生于徐州，三岁时随全家迁至北京。1980年5月16日，34岁的遇罗锦向北京市朝阳区人民法院提交诉状提出离婚。其间她写成纪实文学作品《一个冬天的童话》，发表于北京的文学季刊《当代》。在当时的中国，离婚被认为是道德禁忌，一方不同意另一方就离不成，遇罗锦的离婚案公开，在当时引起激烈反响。当时北京的杂志《新观察》与上海的杂志《民主与法制》先后就此讨论了一年，各方观点针锋相对。

有感情，这在 1980 年是很大的事情，当时只有对方是反革命才可以离婚。到最后北京市中级人民法院批准了她离婚。而现在，最高人民法院关于《婚姻法司法解释三》[1]已经通过了，其中比较重要的就是谈怎么离婚，搞婚前财产的界定，把财产个人化，让法院可以清晰地判断财产，婚前是属于谁的就是属于谁的，这样意味着离婚比原来容易。整个法律就写成让你时刻准备着离婚，有点这个意思。比方说两人结婚二十年，女方工资水平比较低，但对家庭付出大量的时间、精力的投入，到离婚时这些都不算，只算你名下登记的资产。《司法解释三》通过的背后的一个原因是说很多女性傍大款结婚，结婚后很快离婚，要拿一半财产，所以法律要保护大款。很明显，对比来看，就能看到法律对谁的声音更敏感。

还有，从 1994 年开始，郑也夫和樊纲有一个关于轿

---

1 《婚姻法司法解释三》，2011 年出台，是最高人民法院关于适用《中华人民共和国婚姻法》若干问题的解释，是最高法院对现行婚姻法的有效补充。解释指出，夫妻一方婚前签订不动产买卖合同，以个人财产支付首付款并在银行贷款，婚后用夫妻共同财产还贷，不动产登记于首付款支付方名下的，离婚时该不动产由双方协议处理。不能达成协议的，人民法院可以判决该不动产归产权登记一方。

牛津访谈

车文明的辩论[1]，应不应该发展轿车工业，后来就和应不应该增加燃油税、路与车的问题组合在一起，成为一个环境问题的辩论，现在又有中科院院士丁仲礼关于世界气候变暖的辩论[2]。我们把这些辩论都放在一块，把原始材料翻译成英文。这样的社会辩论我们总结得不太够，以前讲的主要是路线辩论、理论以及政策辩论，社会性不强。

吴琦：在这个读本中，没有作者的阐释或者解释吗？

项飙：有编者按，但书不是专著，主要是读本，强调它的社会性。社会性就在于参与辩论的人，不仅仅是政策制定者、专家，还是公民，有自己的立场，有自己的生活

---

[1] 这场争论起因于1994年8月9日发表在《光明日报》上的《轿车文明批判》一文，该文首次明确反对"轿车进入家庭"，文章的作者郑也夫是挑起这次轿车大论战的第一人。1994年11月8日，《光明日报》刊登了一篇经济学家樊纲的文章，标题是《"文明批判"的批判》。随后，茅于轼、胡鞍钢等学者就这一论题发表自己不同的看法，或是反对或是支持，但都有一个愿望，让中国汽车工业走健康之路。这些争论性的文章发表于各大媒体上，引发关于"轿车是否进入家庭"的大讨论。

[2] 2009年，中国科学院副院长丁仲礼院士带领一个研究小组，通过大量的计算，提出基于人均累积排放指标的全球各国未来排放权方案，在学界引发了广泛的关注。在该年年底的哥本哈根气候变化大会上，他又用研究数据直指目前一些主流的温室气体减排方案，在大会上明确反对发达国家提出的减排方案。

经验，这些都要带进来。我们看七八十年代的《半月谈》[1]等杂志，里面很重要的一部分是读者来信，有时候杂志也会组织一个专题去讨论，很有意思的是，会注明每个人的身份，比如学生、家庭妇女、解放军、工人和农民。但后来到现在，基本上就是城市里面受过高等教育的人在讨论，哪怕在社交媒体上，也很少听到工人的声音。我们希望今后做中文版，这些信息对今天的读者应该是很新鲜的。当时的那种参与性和代表性，和今天的社交媒体上那种好像很开放的讨论很不一样。这个参与不是简单的参与，事情不是自然发生的，而是有领导权的问题。领导权的问题，就是你提出什么议题讨论，怎么组织讨论。不让讨论那绝对不是领导权。社会主义很多传统不能全丢掉。

---

[1] 《半月谈》，由新华社受中宣部委托创办，1980 年 5 月 10 日创刊号出版发行，32 开本，64 页，除北京外，同时在长春、济南、合肥、南京、上海、福州、武汉、长沙、重庆、昆明、西安、郑州、乌鲁木齐印刷发行。1985 年《半月谈》发行量达到 360 万，成为国内发行量最大的时政类期刊之一。

共同理想

吴琦：您有一个表述我觉得很重要，就是"失去共同理想"，这和我们前面谈到中国、谈到历史都有关系。这个观点是怎样产生的？有没有一个具体的语境？这个"共同理想"具体是指什么？

项飙：这个是主要在香港。那几年我觉得做案例研究有点无趣，哪里乱我就看哪里，觉得对大的事情应该有基本的把握，其实是自己对自己的再教育。1997年之后的磨合比我们很多人想象的要顺利。因为有一个共同理想在那里，建立一个社会主义强国，有一小部分人明确地认同，比如教师工会，也有小部分人反对，那么至少可以辩论。没有共同理想之后，该怎么办呢？现在形不成叙事（narrative），说不出道理来。这个还是值得研究和分析，因为我们原来讲市场经济、大学专业化，意思是少一点官僚化，多一点专业化，以公司的方式来操作，好像不需要一个共同理想大家也可以合作。但是现在这个情况，确实没有预料到。我自己关于东北的书本来是想谈这个事情，市场关系怎样转化为一种权力关系。明明是一个纯粹的商业结构，大家却努力把利益关系转化成上下级关系，因为只有这样，商业利益才能得到更好的保证，这是失去共同理想的一个后果。

周恩来当时解释中国民族政策的时候，有很好的叙事，讲得很清楚——历史上是怎么样的，我们为什么不能跟苏联学，即使学了苏联，为什么不搞共和国，而是要搞区域自治，把民族和区域结合起来，中国的民族自治的空间性很强，有自治区、自治州，省里还有自治县，县里有自治乡，是交错性的——你可以不同意，但他能讲得清楚。讲不讲清楚好像是文人干的事情，但其实非常重要，因为政治是公共事件，公共事件是通过公共交流形成的，如果立场和政策讲不清楚，别人不会服你，今天被你压下去，明天倒过来跟你算账，问题会变得更复杂。

吴琦：这个问题直接关涉一个更重大的问题，那就是我们怎么理解我们的今天，它也是这个共同理想的产物和象征，我们到底怎么认识它？它和过去是什么关系？

项飙：这里有一个很大的疑惑。现在好像是说要回到共同理想，不忘初心，这个说法很好。但又回到我们前面的问题，一切政治都是做出来的，要靠无数的小世界，靠无数的中间过程，如果中间过程是原来那一套机械化的权力机构，上面要重新政治化，到了下面就成了极端表演，不可能带回来共同理想。将近二十年在基层当官非常舒服，怎么搞都行，唯一就是不要出事，把利益格局平衡好，你贪一点，让别人贪一点。腐败到了那个程度，是不能持续的。今天要重新政治化，这个努力的方向我是支持的。但现在我们看到有人简单把它理解为一种口号，甚至拿个口号当宝剑，在中观和微观的层面上人人自危。在恐惧的情况下人会有一种极度的反应，要绝对的自保，不是从理念上改变自己、重新树立理想，而是知道自己已经背叛了理想，现在要通过一切手段来自保，不允许任何人说话，所以现在的情况是比较复杂的。有一些人，理解政治化也是从抽象理念出发，从一种激情出发，不是从今天老百姓的生活状况里出发，不是乡绅式的。我们现在应该做而且可以做的，可能是培育一套有机的语言，把老百姓的直接社会经验讲清楚。

吴琦：联系到国内的政治情况，再来看现在普通中国人当中越来越普遍的那种自我证明的愿望，这个问题就更有意思了，好像是既合理又危险的。您怎么看中国和中国人的这种自我期待？

项飙：世界对中国的预期，我们要怀着一种感谢的温暖的态度。这是世界成熟的表现。西方很多人真是这么看的，希望中国能做点事。发展中国家也有很多人这么期望，是对当前世界不合理的权力格局的反动。现在世界的问题这么多，中国当然要努力走出不一样的路，但现在主流的心态，不是说要走不一样的路，而是要取而代之，要当老大，很多基本的想法和美国非常相似，我觉得这和共同理想的丧失都有关系。中国在什么时候最令世界敬佩？那就是上世纪五六十年代。从万隆会议开始，到第三世界理论的提出，中国在国际上的影响非常大，引起了很多国际上的争论。

而自我证明这个概念是个悖论。要证明自己其实就是没有自己，意思是说，要通过已经预设的原则和标准、别人的逻辑和流程来证明自己的存在，其实是取悦别人，把自己搞没有了。对个人来讲，就是要求一份认可，这个是我们在教育上的教训，都太深刻了，包括我自己。做事情是要活得光鲜，不是活得快乐。去哪里旅游，主要是拍照让人看。前提当然也是一种自卑。日本军国主义兴起，就是要证明自己不比欧洲差。所以你讲得很对，自我证明是很危险的。

乡绅作为方法

吴琦：乡绅可能是我们这次访谈一个贯穿性的概念，也很能体现出您的特点，我们这次也继续往下谈。今天的社会结构已经和过去的乡土社会不同，可以说已经发生了彻底的改变，乡绅仍然可能吗？

项飙：作为态度的乡绅是可能存在的。乡绅本来就和大体制不完全一致，跟它有一定的距离。他们的立足点是自己的小世界，但能够和大体制进行沟通和迂回，利用大体制，对大体制有解读，有自己的说法。如果从这样的意义上理解，乡绅在今天是完全可能的，要做好乡绅，就是要把自己的小世界弄清楚，对大的体制、权力也理解得很透。区别在于，原来的乡绅衣食住行都在农村的社区里，很清楚自己的物质来源在哪里，而今天很难确定物质来源，这就要有新的概念。今天的小世界不是自足的，是建构出来的，没有一个物质的边界。正是因为建构，原则就变得很重要，给自己造一个小世界，就要给它定义，你干什么，原则是什么，要为什么服务。这就回到了立场问题，乡绅是一个立场问题，不是政治立场，而是一种社会性的立场，你要做事，要和一群人合作，形成共同利益，再从这个立场出发看世界。

吴琦：在现代社会中，人们被划分到各种不同的专业机构中去，公司、学校、书店、商场等等，在每一个组织内部都会有领导者，是不是可以理解为，这些组织的领导者都潜存着某种乡绅的性质？

项飙：关键的一点可能是这些小领导有多想变成大领导，当官对他有多重要。乡绅要和自己这批人混在一块，要代表这批人，对这批人的诉求、利益理解得很清楚，能够把这批人的诉求用一个体制能听懂、对体制有影响、体制得反应的话语表达出来。在这个意义上，艺术界的乡绅和浙江农村的乡绅，完全可以坐下来一起聊，有很多策略是一致的。接下来的问题，这批人跟市民社会、NGO、社会行动者是不是一致？我觉得可能不太一致。不是说乡绅可以取代那些社会行动者，社会行动者还是很重要，而是说乡绅没有先验的预定目标，他们不是要搞社会运动。最重要的是他代表一批人，不断把他们的情况表达出来，乡绅就是一种代表，是分析性、理解性、代表性的，是话语的提炼者、发声者，当然也是原则、规则的制定者。

吴琦：听起来很像我们政治制度设计中的人民代表。

项飙：原来就是这个意思，利用人民代表去取代乡绅，这就是很复杂的一个问题。现代国家的设立，很多人说导致了劣绅淘汰良绅，资源掠夺型的、自私自利的乡绅取代了原来比较文化型的乡绅。人民代表应该是地方各界群众的代表，如果能够把人民代表大会制度做好，那也是乡绅的现代化，好的人民代表就应该是乡绅。人民代表应该就是从小世界的角度去讨论政策，但现在的人民代表根据职业来划分，来分配名额，代表和下面这批人的关系很疏远，那代表的有机性要怎么体现出来？

吴琦：在您的描述中，形成小世界，跟大家打成一片，听到他们的声音，这个以现在的情况来说似乎并不难，是可以做到的，更困难的是后面那一步，需要作为代表去反映给体制，与体制打交道。如果人民代表制度不能被有效地激活，那么在现在的政治环境里面，似乎没有什么真正的沟通渠道。

项飙：这个很难讲。第一个，有这样话语能力的人是不是真的可以和群众打成一片，我觉得很难。第二，直接跟体制去对话当然很困难，但如果说真有这么一批人，经常发言，就可以改变我们的语言构造和说话方式。虽然要直接得到体制的回应比较难，但这样的人多了，情况是可以改变的，因为那种语言多了以后，空洞的话就说不下去了，那种语言就被架空了，这其实已经是进步。

不是我们非要有乡绅才能改变中国。乡绅作为一个社会群体能不能重新出来，这是另外一个问题，不能抱太高的期望。但乡绅作为一种研究风格，这是有可能的。关键就是从自己立足的小世界出发去看大体制，有距离、独立地看，而不是简单地抗拒。

吴琦：这种乡绅的态度和 21 世纪初在中国流行的公共知识分子的话语，区别是在哪儿？

项飙：我觉得差别比较大。我的理解，公共知识分子很重要的一点就是要提出一个普世性的原则，做一个批判者。而乡绅是很温和的，它不做这样的普世性评判或者倡导，他从小世界里看东西，没有宏大的、居高临下的说法，对体制没有道德上的优越感。乡绅很重要的工作就是保护井水的问题，鸡被偷了怎么协调的问题，光是原则是不够的，要把冬天快过年了农村里有人偷鸡这背后的意义搞清楚。这和公知的差别相当大，而且是两种类型，甚至是互相取代的。

在欧洲大陆，特别是法国，有所谓的公共知识分子，观念比较极端，思想性很强，有革命性、批判性，和英国的风格很不一样。英国没有很明确的知识分子这样的角色，当然它的报纸，有无数的评论人，有很多有机的声音，但没有很强大的意见领袖出来讲很吓人的说法，而且相当保守。所以费孝通来英国如鱼得水，他是江南士绅的气质，来到这里看到英伦的绅士，也是很契合的。

吴琦：因为乡绅式的气质本身是温和的，它导向的会是社会改良，而不是激进的社会运动？

项飙：因为乡绅是比较保守的，是不是就意味着不需要革命了，或者革命必然坏，完全不是这样的。革命不革命，到最后跟有没有乡绅这个阶层在没有关系。从历史上看，中国农村当时发生革命，很重要的一点就是失去乡绅，没有稳定的结构，土豪劣绅占据了地方社会，把农村逼破产了，所以有了革命。在当时的情况下，很多乡绅家庭里面出来的年轻人变成了革命者，革命不是知识分子造出来的，这是肯定的。这是第一。

第二，我们今天还是缺乏乡绅式的气质。我们今天有很多谈革命的人，却讲不清楚在一个不合理的制度下，为什么革命不可能。乡绅这样的人讲得比较清楚，老百姓怎么想，他们和体制是什么关系，是怎么混的。所以，多一批乡绅式的知识分子，不会给历史前进拖后腿，他们根本没有这个能力拖后腿，但他们会对我们的现实有更全面、更精确的把握。在不革命的时候，他们能更加有效地推进一些变革，而当革命成为必然趋势的时候，革命的先声其实就是乡绅和体制关系的破裂。所以不能把乡绅变成一个具体的社会群体来研究，而是把它作为一种研究视角，把乡绅作为一种方法。

吴琦：可不可以再解释一下"乡绅作为一种方法"的含义？

项飙：首先，今天我不把乡绅当作一个实在的人口群体，我讲的是一种个人的气质（temperament）、一种思考方式。是先愤怒还是先好奇？是尽量温和甚至用淡淡的幽默感把事情描述清楚，还是直接去判断？是在这样的意义上，我很喜欢乡绅的做法，对生活状态从内到外有一种体察。比方说，接受了西洋教育之后，我知道农民一定要生男孩子是不对的，但不能否定他们的感觉，所以要了解他们的生活安排，哪一块能动，哪一块只能靠时间解决。

第二，今天有没有可能把乡绅作为一个实际的社会群体、社会力量重新构建出来，我觉得非常困难。当然也并不是完全没有可能，"乡土"可以不单指农村，任何地方都会有比较愿意观察、愿意记录的人，这批人就是乡土的思考者和观察者。但从道理上来讲，我们还是要慢慢迈向政党制度，以这种专业团体的方式来组织社会生活，而不是靠乡绅所维护的道德秩序和帝国秩序。

Author

Title　温州访谈

Date　2018.12

Review

　　这部分我们补充谈了项飙老师近些年来的研究题目和思考方向，尤其是在中文世界较少读到的成果，主要集中在"流动"和"人的再生产"等方面，其中可以看到他在学术工作中具体的推进和遇到的困难，以及，温州作为故乡，作为北京与牛津的参照物，到底意味着什么。为了给这场漫长的谈话暂时找到一个结尾，我们也试图将一些话题收拢，尤其是知识分子、人类学、乡绅等清晰浮现出来的主调，似乎还可以继续推敲。这些问题本身的延展、丰富和矛盾性，需要更长时间的辨析，尤其需要去实践。

访谈之前

项飙：我这次回温州很有感触，从牛津到北京，从北京到温州，真觉得恍如隔世，这三个世界很不一样。牛津的宁静，节奏很慢。北京的快速，那种忙碌，忙碌里面又有一种豪爽，赶快做决定，非常割裂的状态。而在温州跟中学同学聚会，完全是不一样的行为方式。但另一方面，学术界解释这些东西用的话语又非常一致，主流的就是新自由主义这一套，其实很难用一个概念解释这三个世界。三个地方确实联系在一起，但又完全不一样。我也搞迷糊了，不只是话语不能代表事实，而是一个越来越同质的话语，越来越不代表一个分裂的现实。大家在意义象征和思考感情表达这一层上显得同构，在收入、实际生活水平、生活质量上非常不一样，所以就搞不清楚现在的生活方式到底是不是同构。我在理论上没办法解释。这给我们社会科学工作者提出一个非常严肃的问题。

吴琦：您常年在这三地往返，这是这次回国访学的新感受？

项飙：对。包括一些激进学生、准激进学生跟我谈，我发现同一个学生会同时跟我讲两件事情。第一他们去援助被清理的外来人口，发现有巨大的鸿沟，那些被清理的人对亲情的理解、当时的需求和那些志愿者能够提供的服务、所持的话语之间有巨大的鸿沟。同时学生们又告诉我，现在民工除了没上大学、没有这张文凭之外，其实跟大学生没什么区别，他们用的语言，看的娱乐微信，都一样。大家都活在手机里面，手机不是小米就是华为、苹果，也没有差别。两种感觉都是真实的。

有一个现象我现在感到很奇怪，中国有部分青年激进化程度比我想象的还要高。这提出一个信号，"悬浮"会导致两种效果。第一个是焦虑，大家都很忙，跑来跑去，一些基本的生活理念变得非常保守，就是所谓的新家庭主义，中国式逼婚，一定要生小孩，一定要买房子，跟这种单一化联系到一起。正因为"悬浮"之后，自己当下的行为本身不能产生意义，就有点原教旨主义，家里那点事儿成了人生唯一的意义寄托。这种新保守主义的对立面就是激进，因为多样、矛盾的经历很难厘清、给予意义，所以觉得需要革命式的、全面的、翻天覆地的变化，其他都是虚幻，都是假的，都在压迫。"悬浮"解释了经济为什么能够增长那么快，全国人民都奔着一个目标去，都在为自己奋斗，拼命干活，挣钱，也导致了这两个潜在的问题。你觉得中国思想界能够给这样的同学提供什么帮助？

吴琦：我觉得从实际层面上，在现在的环境下，没有什么老师敢帮助他们。在他们走出学校之前，学校老师都是劝他们不要去参加这样的活动，就是那套话语，他们完全没有去理解他们为什么会有这样的举动。出了学校之后更是如此，没有机构，没有系统，他们也不知道向谁求助，更多的是在同辈之间。他们需要的帮助不是去救他们，而是希望能给他们一点分析，给他们经验，但我们都没有什么具体的实践，只能分享常识或者自己对时局的判断，最基本的就是给出安慰。所以对他们来讲，是非常非常难的。

项飙：这是一个很真实的挑战，也是对社会很真实的要求。

吴琦：我们继续多谈一些您的具体研究。之前只是作为一种补充，没有专门介绍，也觉得不要介绍，但现在来看，这些研究背后的关切和动机，本身是一个学者对社会现状的直接回应，甚至比我们之前聊您在北大、牛津、新加坡的生活更迅速和直接，它直接展现了在当代我们应该怎样提出问题、解决问题。因此，您的实证研究也应该成为访谈中一条线索，这是我想我们在这次谈话中可以展开的问题。

项飙：如果能达到这样的效果就非常好，学术是一种干预，我是一个活人，我对这个活的世界要发出自己的想法。"干预"就是说，写出来的东西应该打动读者的心灵，激发他们的思考，这个以前我们谈过。艺术的功能不是为了创造一个美丽和谐的世界，而是让你有能力面对丑陋。我希望社会科学能够提供一些更好的工具给大家去思考。

"认命不认输"也是一样。我们为什么会焦虑，最直接的原因就是对今天没有清晰的认识，总觉得自己现在所处的地方不对，和自己认为的有差距。一个解决方案可能是佛学里讲的专注，对自己身边做非常细微的观察，意识到当下的意义。我对非虚构写作那么关切也是出于这个原因。我认为这是一种美学意义上对"真"的重视。2010年之后，年轻人开始有这份自信去追求真的东西，原来就是假大空，真的东西本身没有意义，必须要通过大话的灯泡才能照出它；现在年轻人说，不用下结论，也不用从高大上的原则出发，就是讲自己的经验，经验比较琐碎，乱七八糟没有关系，只要是真的就有意义。这是一份从容和自信，这是相对新的，跟年轻人的教育水平、城市化的生活方式都有关系。这本身不是解决方案，也和很多现实焦虑联系在一起，但是给人们进一步思考提供了一个非常好的基础。

吴琦：这里再唱一个反调。好像每次您开始夸非虚构，我都有所保留，可能因为我半只脚也在这个行业里。一方面我同意年轻人活得比前几代人都更加真实，但又怀疑这种"真"多大程度上是"真"的，是不是真的好奇心，会不会真的去追求，去求证真相。也可能每一代人年轻人都是这样，容易激动，也愿意参与，但是不是愿意深入，做具体的事，都要打个问号。具体到媒体、文化行业这个圈层，大家都直接受八九十年代知识界的影响，受那种姿态性宣言的感召，因此多少也有那样的自我期许，很多痛苦和煎熬也来自于此。但时代更迭之下，又越来越清醒地意识到，那种姿态的无效性，以及在具体事情上的无力、脆弱甚至可笑。对我来说，这是一个历史包袱在年轻人身上显现的时刻。知识领袖已经撤退了，不再提供什么示范和指导，大家也不再讨论这些抽象的问题，更实际的算计取而代之，一些前辈知识分子也回头指责年轻人，说你们不行啊，又造成他们更深的逆反。好像知识界不同代际之间不太有沟通，互相指责，互相不信任，都觉得彼此是最糟糕的镜像。我不知道这个判断在其他行业中是否成立，但在大学生或者文化行业，这个现象蛮突出，是普遍的问题。

项飙：这其实是一个很深的问题，给我很多启发。"真实"和"诚实"里面有三层东西，一个是"真"，一个是"诚",一个是"实"。他们自己敢于诚实地表达,对于自己经验的感受也非常直接,不会轻易地抹杀掉,有一个诚实的自我在那里。咬文嚼字有时候能够帮助我们思考一些东西,比方说"真"和"实"、"假"和"虚",原来我们主要是"虚",不是"假"。因为要说假话,前提是知道真实是什么,才有明确的假话,但原来也不知道哪个是真哪个是假,大家都糊里糊涂这么说,这个是"虚"。现在大家逆反的是"虚"。现在可能会做假,在需要的时候玩手段,但不会给你搞虚的,现在大家对"政治正确"都很反感,显然不是说这些理念是错的是假的,而是太"虚",不能表达大家要直接表达的那个自己。我觉得有一个诚实的自我,一个诚实而畏缩的自我,还是要比一个虚伪高大的自我好得多得多。

然而在诚实之后,他们没有再对真实进一步地反思,诚实就到此为止。所以对究竟什么是"真",也就是说那些你不能直接感受但是需要去捍卫和追求的原则,什么是"实",也就是基于自己的生活经验、讲出来自己心里有底的事情,搞不太清楚。就像你讲的,年轻人对前一辈的逆反、对政治正确的反感都是诚实的,但是这个诚实真的代表了我们对现在的实践的更好理解吗?表达了我们对历史的新的认识吗?不尽然。大家感觉到的民粹主义,现在真的成了一个全球现象,很大程度上就可以理解为是"诚"

和"真"之间的断裂。给特朗普投票的人,很多都是老实人。怎么办呢?作为学者,我想到的是大家的思考工具和表达工具不够多样。中产阶级的政治正确、普世价值几乎垄断了公共表达,成了"真"的唯一表达方式。现在大家从"诚"做起,慢慢用诚实的方式开始书写自己的经历,写多了,那些靠近真的会留下来,那些抬杠式的诚实可能就过去了,然后慢慢能够把诚实的感受和大的事情结合起来看。这是我的一个期望。

人的再生产

吴琦:回到这次的主题,为什么您今天在研究中特别强调"人的再生产"这个概念?这是您在开始研究"流动"这一现象时就注意到的概念,并且把它放在思考的主线上,还是最近的总结?

项飙:没有,之前还是很强调物质生产,强调价值转移、政治经济学意义上的不平等和制度设置等结构性分析。当然"浙江村"的研究因为是全身心投入,所以在书里自然有很多丰富的个人性格这样的信息。瓦妮告诉我,她觉得《浙江村》比《全球"猎身"》要丰富多了,《猎身》虽然也讲到嫁妆、婚姻,但没有丰富的体会。我在那里面讲的"人的生产",都是把人作为一种生产要素,考虑他们对教育的投入,对IT培训的投入,这样培养出来的人跑到大城市,追求高工资来回报他们的教育投入,这样我就把人的生产给物质化了。但瓦妮跟我说了一句话,我觉得非常深刻。她说父母养孩子,并不是为了让他们去做IT工作,还是有一种义务,一种爱,有时候也没有计划,说不清什么道理,也许为了光宗耀祖,但不管是什么原因,养孩子不是直接奔着为IT工业服务去的,中间还是有很多过程,这个过程我忽略了。

慢慢注意到人本身的重要性,其实跟年龄有一点关系,觉得那种僵硬的话语不能够触动读者的心灵。我们可以做很多结构分析,但是活在里面的时候,不觉得生活是那样结构的。这是第一。

第二,我看到一些全球的变化,发现"人的再生产"变得越来越重要。比如对下一代教育、上一代养老这些问题。"人的再生产"跟"人的生产"不一样,"人的生产"是说人怎么样被培养成一个生产的要素,而"人的再生

人的再生产

产"[1]就是人怎么样再生产自己,自己成为目标。

从人类历史上来讲,我们绝大部分时间的劳动都是为了"人的再生产",采集野果、打猎、农耕种植,都不是为了追求利润的积累,不是追求超额利润,而只是维持自己。如果富裕一点,维持的水准就稍微高一点,多一点仪式,祭祖的时候多一个猪头。总的来讲是这样一个循环。这个再生产的循环被现代性打破了。现代性跟资本主义紧密地联系在一起,人的活动并不是维持自己,而是要追求超额的利润,所以从农耕文明到工业文明,有了结构性的转型。人本身越来越不成为中心,经济活动主要就是资本的运行,这就是所谓的"脱嵌",去嵌入性(disembedding)[2],这个趋势越来越明显。原来的经济活动

---

[1] "人的再生产",基本上属于社会学和政治经济学中的"社会再生产"的范畴。它包括这几个部分:日常的社会再生产,包括休息、食品、住宿等安排,使得劳动力恢复体力,可以持续地进行经济活动;代际的社会再生产,包括生育、医护、养老,使得人作为物种可以延续。"社会再生产"在1960年代受到学界和公众的重视,主要是受性别视角的影响,讨论究竟如何认识广大妇女的家庭劳动的价值。大家意识到,不重视"社会再生产",就会把大量没有工资的劳动视为是无价值的。

[2] 嵌入性(Embeddedness)是由卡尔·波兰尼(Karl Polanyi)提出的重要概念,指在资本主义社会之前的经济活动受到非经济制度的约束,比如家庭、社群和宗教对人的物质经济行为有直接影响,而在资本主义条件下,逐利的经济行为成为组织社会的基本原则,家庭、社群和宗教关系倒过来为经济活动服务。美国经济社会学家马克·格兰诺维特(Mark Granovetter)强调在资本主义条件下,经济也具有嵌入性,从而把嵌入性阐释成为新经济社会学里一个最常被引用的概念。但是项飙认为格兰诺维特的解释过于泛化,使得这个概念失去了批判性,见项飙《全球"猎身"》第一章。

应该是社会活动的一部分，是为人服务的，现在经济活动脱离出来，不仅脱离出来，而且成为形塑社会关系的主要力量，在这样的情况下，"人的再生产"被忽略了。

另外，看现在世界上人口流动的基本趋势，亚洲和中国经济地位的上升，和它们在国际移民市场上的地位有点矛盾，经济的上升并没有伴随着外流人口的下降和回流，或者外国人口进入中国数量的明显上升。人民收入水平、生活方便水平的上升，反而空前加速了外流的欲望——学生流动，赴美生子，赴港生子，投资移民。如何解释这些现象？再去看资本主义本身的变化，现在谁是赚钱的大户？平台可能是第一，第二就是跟"人的再生产"有关系的教育、医疗、娱乐等各种服务，接下来可能是采掘和农业，所谓第一产业。经典的资本主义的引擎制造业正在衰落，而亚洲和中国作为世界工厂，正是在这一块崛起。如果拿人的流动去看，原来的发达国家依然是"人的再生产"的中心，它们把握教育、医疗和各种知识产权，以及生活方式的潮流。把资本主义的这个变化和前面我讲的流动趋势放在一起，似乎得到了一个解释，为什么中国人在变富的同时追求所谓"早发早移"，也就是说，尽快赚钱然后尽早移民，很重要的原因就是移民并不是为了赚钱，而是为了"人的再生产"，为了更加稳定的可预期的未来，为了更好的子女的教育、更洁净的空气、更多的绿地。但赚钱还得在中国赚，因为这里的利润比西方还要高。现在，随着我个人经历的变化，把"人的再生产"和全球政治经济学的变动联系在一起，同时看迁移的趋势，分析资本主义的利润来源，也是想提个醒，亚洲的崛起，中国的崛起，不能太乐观地估计，因为我们崛起的只是某一块，而"人的再生产"是更重要的部分。

吴琦：您说个人生活的变化，具体指的是什么？对这方面研究的推进起到了怎样的作用？

项飙：最近一个例子，我有个亲戚的孩子现在在读初中，家里已经在考虑是不是应该把她送出去读高中，主要是因为国内教育压力太大，影响孩子身体。有些孩子其实成绩相当好，但晚上都是先睡一觉，凌晨3点再起来做作业。因为长期的紧张，免疫力下降，浑身长疱疹，退不下去，把孩子送出去读书，他们说是为了"救人"。

看中国留学生的历史，改革开放之后大概可以分三个阶段。第一个阶段是从1976年到1992年。教育是改革开放的第一枪之一，1978年中美有一个教育交流"口头谅解"[1]，那时的留学生以公派为主，年纪偏大，以工科为主，硕士特别是博士为主，从来没有听过有人出去上本科。而且一定要回来。留学带有非常强的价值取向，就是去西方学先进的技术、理念、制度、管理方式，作为中国未来的榜样。第二个阶段是从90年代到最近，不再是公派为主，体现出个体化、低龄化、学科多样化，但我觉得最重要的一点变化是价值取向的取消。价值取向有两个变化，第一，不再必然回国报国，不再为报国而学习，第二也不认为西方代表着未来，是榜样国家。为国服务和普世价值，两重意义都被动摇，更加功利性、工具化。最近就很明显，大家不再觉得美国的制度是榜样，但问他为什么要去，他说当然要去，去了那儿有空气，有绿地，工作还很舒服。这也促使我思考如今"人的再生产"的问题，这其实是一个很重要的政治问题，看起来最不政治，但政治就在这里出现。

---

[1] 1978年10月7日，作为中美《上海公报》发表后我国派出的第一个谈判代表团，以北京大学校长周培源为团长，开始访美之旅，最终，经过双方协商努力，达成了十一项口头谅解，明确了以下内容：美方在1978—1979学年接收中方500—700名留学生、研究生和访问学者，中方接收美方60名留学生、访问学者……以中美互派留学生为标志和契机，中国正式拉开向西方国家派遣留学生的序幕。

人的再生产

另外，所谓的"太平洋悖论"[1]也体现了国际流动中的个人生活的变化，是我很早就感兴趣的。90年代后期，特别是2000年以后，很多人出国以后向左转，变成比较普遍的现象，刚开始是以文科博士为主，比如王绍光、甘阳。这跟我们这一代人原来的假设不太一样，所以那时我就开始考虑留学的现象，以及它在社会生活、个人的知识掌握、信息来源、流动行为上的影响。什么叫"太平洋悖论"呢？中美关系实际上空前紧密，但在意识形态上又是空前断裂的。今天更明显，很多年轻人去了美国留学，不觉得美国代表任何终极价值，反而觉得中国制度很好，但是一心要待在美国，成天就是摇号，一年摇三次，想拿到绿卡。我们当年看《河殇》，奔向太平洋就是奔向未来，我们都觉得知识分子肯定会西化，特别是在留学过程中，但是今天突然逆转过来。原来我们有这样的假设，是因为我们觉得通过越来越多的紧密接触，对西方的理解更深，更知道它的道理，会产生出亲密性。但是现在我们看，生活方式的紧密性确实加强了，但政治上的对立性也加强了，这就是太平洋悖论。

---

[1] Biao Xiang, "Pacific Paradox: The Chinese State in Transpacific Spheres." in *Transpacific Studies: Framing an Emerging Field*. Janet Hoskins and Viet Thanh Nguyen eds. Hawai'i University Press, 2014, pp.85–105. 中文版见《太平洋悖论》（项飙撰文、余旸译），收入《区域》2016年第1辑，总第5辑，北京：中国社会科学出版社，2016年6月。

这个悖论和在地的公共性被掏空也有关。国家成为唯一一个集体性想象的单位，在国家之外，班级、大院都没了，只剩下个人和世界。突然出了一个事件，需要一个集体作为自我认同的依托时，就只能奔向国家。当然国家也提供很多话语，让你奔向它可以奔得很自然，这就是所谓新的民族主义。这种民族主义不是基于对历史、传统、文明的浪漫主义怀念和想象，而是基于一种对世界权力格局的理解，它是地缘政治意义上的民族主义。也就是说，强者这么做，我们也必须得这么做。一切都是权力和利益斗争，把世界化约为国家之间的权力场。这是我看留学历史的另外一个维度。

吴琦：在您接下来关于留学的研究中，有什么新的发现，进一步深化了对流动、人的再生产的认识，能不能举几个具体的研究来谈一谈？

项飙：我可以说说仪式经济。我在新加坡的时候，亚洲开发银行找到我，他们在2004年有一个总体的思路，不想只做一个资助机构，也想做一个思想机构，不仅用投资援助的方式促进发展，也想促进一些相对高端的政策研究，要搞思想援助。他们想到的一个题目是，亚洲流出海外的移民能不能回国，或者在不回国的条件下帮助亚洲国家发展。我因为做博士论文比较孤独，所以有一种实践介入的饥渴，就答应做这个项目，负责中国的案例，跟国务

人的再生产

院侨办合作，去看中国政府在鼓励留学人员回归方面的政策。

首先，很明显的是，其实政府鼓励的不是真正回国定居工作，而一般是短期回国甚至不回国服务，从回国服务变成为国服务，这是一个很大的转变。2001年，当时国家鼓励这种哑铃模式，一头在内，一头在外。[1] 当时我觉得这些创新都很有意思，因为提出了以跨国的思路来帮助发展中国家。跨国和国际是不一样的。国际是指两个国之间的联系，但是通过主权国家来协调和控制，国际贸易做得再大也是国际，一个美国公司和中国公司的联系，都受这两个国家的法律和政策规定。但跨国是说有那么一个行为、一个空间，超出简单的主权国家的控制范围，比如温州人到欧洲做生意，跟温州联系，也跟欧洲多个国家联系，跨出了任何一个主权国家的控制。[2]

但是在很多鼓励留学生回国创业的政府项目中，我也看到一个悖论。这些项目一方面非常强调经济理性，说我

---

[1] 2001年5月14日，国家人事部、教育部、科技部、公安部和财政部印发《关于鼓励海外留学人员以多种形式为国服务的若干意见》（人发〔2001〕49号）。从原来的"回国服务"变成"为国服务"，并且强调形式应该多样，体现了跨国主义的思路。参见 Biao Xiang, 2011. "A Ritual Economy of 'Talent': China and Overseas Chinese Professionals." *Journal of Ethnic and Migration Studies*. 37: 5, 821–838.

[2] 参见项飙：《跨国华人》，载于《读书》2004年5月号。

们投入那么多钱，鼓励他们回来，主要是为了促进经济发展，对我们生活有利，肯定是双赢合作。但另一方面，具体怎么做，怎么把钱分出去，希望你做什么，操作的模式又有非常强的仪式化特征。比如，如果只要经济合作，直接谈项目就完了，为什么需要把所有项目集中在一起，开一个大会，搞签字仪式？开这个会来很多人，花不少冤枉钱。具体的活动流程高度仪式化，充满了情感和意识形态的因素，包括"祖国"、"母亲"、"贡献"这种话语在里面。这种留学生回国政策，把仪式和理性结合在一起，我叫它仪式经济。这个概念至少有两个意义。第一是国家投入很多钱做这个仪式，所以本身存在一个办仪式的经济。第二，真正让这个仪式获得说服力，让人信服它的，是一个经济主义话语，是经济双赢，理念上是高度经济主义的。

仪式经济或者可以倒过来说，这就是一个经济仪式。这就讲到，国家怎样利用仪式来界定自己和世界的关系，首先是强调经济主义，同时又把这种经济理性绝对化、仪式化，以这种方式来确立合法性。国家不问别的，只问经济，只问发展，所以它是进步的、务实的，各路精英都应该支持的。把经济主义变成自然的、不用问的、不可质疑的原则，这是仪式的功能，让它真正进入你的潜意识，不再成为分析的对象。不管你的政治态度怎么样，通过经济仪式，大家都被笼络进去了。

后来因为在牛津经常接触留学生，又注意到一个有意思的现象，也是悖论。我喜欢找悖论，不知道是不是一个思维局限，反正有这个特点。这不是说生活当中必然充满悖论，或者悖论本身有多重要，而是悖论作为分析方法，能够把矛盾凸显出来。出国留学现象中的一个悖论就在于中介的存在。留学中介在理论上没有存在的理由。国外大学当然很想招留学生，因为留学生给欧洲带来大量的收入，日本很多大学就是靠留学生生存的，迄今为止留学生都是美国主要的后备科研力量，是它保持超强大国的原因之一。大学把招生简章、申请程序写得非常明白，放在首页。申请人都受过教育，朋友、同学也都在国外留学，没有一个产业比这个更透明，在操作程序、能力的供求对接上，没有信息不对称的问题。

那为什么需要那么多中介？首先有大学的原因，比如新加坡国立大学倾向于指定中介去招生，因为这些中介能够处理大量的申请，清楚中国或印度高考的基本程序和高中的情况，能够替你过滤，保证学校招到最好的学生。从学生的角度，中介的作用其实是对未来就业情况特别是投资回报的可能性做一个分析——我这样的情况去哪个学校学什么专业，投资回报会更高。所以中介一方面促进了全世界的学生流动，另一方面也在塑造和维持等级关系——

什么样的大学招什么样的学生，什么样的投资可能有什么样的回报。大学排名为什么变得这么重要，就是因为可以给这些投资人信息。所以中介在这里不是处理信息不对称、要把供求双方对接、培养这个市场，而是要把这个市场给结构化和稳定化，什么样的学生去什么样的大学，什么样的大学招什么样的学生，它给分化好了。

这里面就有留学和社会分化的关系。留学是把社会分化跨国化了。在一个国家内部的分化竞争到了尽头，必须要往外走。中国玩不转，就出国玩；父辈有钱，儿子就挣学历。空间上从国内转到国外，资本类型上要从有形的金融资源转变为文化和象征资本。文化象征资本对维持金融和经济资本的跨代增值非常重要。不平等的固化都是这样，从钱到名到身份，以及空间上的转移。

吴琦：您在这方面的研究，在国内不太容易读到，您也谈得比较少，主要是通过学术论文和会议在发表吗？

项飙：现在还不知道，这会是一个集体的工作，邀请不同的专家来做，可能最重要的工作方式会是对谈、活动，希望能够形成一点东西。这需要比较强的理论化、概念化，从留学迁移里面看到的东西，能不能放到医疗和旅游里面。需要把材料转化为价值、等级关系这样的基本问题，转化为概念，才可能运用在新的例子上。

吴琦：展开以后发现，在您的研究脉络里，"人的再生产"流动是一个总的趋势，在它之下有很多支脉，有多个侧面，不同的研究在其中交汇，不像"浙江村"那种从一个案例入手的题目。这在研究难度和思考的维度上，都是一个新的阶段，具体是从什么题目或者事件开始这个阶段的？

项飙：可能跟我在新加坡的那段时间还是有点关系。我在新加坡不少同事做外国家庭护理人员的研究，护理成为一个比较大的议题。当时的主要议题是护理的商品化，包括其中的性别关系，因为主要是妇女。还有公与私的关系，因为他们不是进入企业组织，而是进入私密空间，到别人家里来工作。很多研究从这种直接的个体行为的角度来看。而我觉得护理人员的国际流动代表了一个更大的经济重组和变化。现在大家都注意到非物质生产性的活动，我想能不能把它们放在一起，看出一些更大的东西来。

跨国婚姻也是一个例子。在比较富裕的国家，包括中国，"剩女"是"上女"，女博士、女白领甚至女金领，而"剩男"是"下男"。城市的下男娶农村的妇女，农村的下男娶来自不发达国家的女性。比如日本的男性娶中国的女性，韩国的男性娶越南的女性，中国男性现在也娶缅甸的、越南的女性。大家比较关注的是所谓跨国婚姻的商品化，大家顾虑的是，婚姻这样一个神圣的、自然的、最基本的人际关系，现在变成了一个可以买卖的商品。还有中介组团出国，新娘排队让人挑，很多人在感情上没法接受。但我想问的问题相反，如果结婚难，不结婚不就行了吗？为什么结婚如此重要，以至于人们要投入那么多钱把它商品化？不要以为商品化就是对婚姻的亵渎，也许商品化正是对它的崇拜。跨国婚姻背后是一个保守的思想意识形态，就是说结婚变得更加重要，结婚没商量。跨国婚姻是一个非常重要的再生产过程，这个再生产不仅指人的再生产，而且也是整个国族的再生产。按照传统的观点看，只有人们结婚成家，有下一代，文明才能遗传下来，这是一种保守化或者本质主义化的婚姻。人的跨国流动，人的再生产，背后总是有这样的辩证关系。流动，加速的流动，不一定使生活变得更开放，反而可能加固了原本的不平等关系和这种意识形态、社会规范。

阶层流动的悖论

吴琦：您谈到的留学、婚姻等跨国流动行为，主要还是在描述和分析一种横向流动，但您也提到它们和纵向的社会分化、阶级、平等问题是有辩证关系的，而且通常是在固化后者。能不能把这一层辩证关系展开一下，具体是

阶层流动的悖论

如何固化的，尤其具体到国内的语境？或者说，纵向的阶层流动是不是您考察的重点？

项飙：这横向的空间流动和纵向的等级之间的关系可能比我们通常写出来的要复杂。改革开放初期，当然有等级制度，有体制内、体制外，有官员、干部、农民等等的区别，这比较明显，但对绝大部分人来讲，他们所占有的资源比较平等，而且有很强的平等意识。改革开放之后，分化就加剧了，这里有四个特点值得注意。

一个是到目前为止基本上大部分人还是往上流动，因为经济总量还是在扩张。这个过程又可以分为两个阶段。一个是直接的向上流动，典型地体现在80年代到90年代中期的农村改革，这个时期大家的生活水平直接往上走，改革很得人心。90年代之后到现在，孙立平老师说"断裂"[1]，有钱的和没钱的中间出现了鸿沟。这个说法一方面老百姓觉得很有道理，但另一方面要看每个人的生活，还是在往上走。互联网技术、服务业这几个新的引擎又增长得很快，大家有一种水涨船高的感觉。比如滴滴和共享单车刚出来的时候，烧钱给好处，老百姓有那种

---

[1] 孙立平，1982年毕业于北京大学中文系新闻专业，留校任教于社会学系。现任清华大学社会学系教授。主要从事社会现代化、社会结构变迁、社会转型学的研究。2003年出版《断裂——20世纪90年代以来的中国社会》一书，其中"断裂社会"的理论观点被海内外报刊广泛转载。

"跟着就享受了"的感觉。

第二个特征,中国的社会分化是一种全民参与式、以市场为基准的社会竞争。这跟社会主义早期的遗产有关系。改革开始的时候大家所占有的资源都差不多,改革开放向所有公民开放,就意味着把十亿人民几乎同时推向了市场竞争。大家都觉得自己有权利在这个分化过程中受益,也都想着比别人快一步半步,害怕被甩在后面,造成了一种强烈的末班车心理。每一个从身边闪过的机会都可能是最后一个机会,也就造成所谓的"悬浮"心理。这个全民参与式的分化,跟我们在印度看到的森严的等级不一样,也跟现代西方学术里强调的被排斥、被驱逐、边缘化、直接的压迫很不一样。中国人没有这种感觉,老觉得要跑得快,跑不快就落后了,这是自己的责任。他们没觉得自己被排斥出去了,如果真觉得被排斥了反而倒好,就会形成一种新的自我意识,会有新的行动,会有抗拒,或者另外杀出一条路来。正是因为他们还觉得自己在这个游戏里面,能够玩下去,所以积极地参与在里面,这是第二个特征。

第三个特征,纵向分化又跟横向的流动紧密联系在一起。当大众参与到这种竞争性的纵向流动当中之后,有一部分人参与国际化的流动,以获得特殊的优势。顶层的人为了保住顶层的资源,将资本向海外转移;中下层的人,比如农村或者小镇的人，也想到出国，去新加坡、日本打工；城市中层的，送孩子出国读书。

第四个特征我们之前讲到过，就是这种分化没有被表现在语言上、文化上和思想上。虽然大家都意识到贫富不均，但大家都看一样的戏，说一样的话，娱乐面前人人平等。

如果大家有不一样的表达方式、生活方式，对不平等的意义才能看得更明白，比较容易发展出补救或者反对的措施。在英国就是这种情况，英国工人阶级非常自豪，有一种反智倾向，不愿意跟知识分子接近。有的人说这是自己跟自己过不去，阻碍下一代上升为中产阶级。但因为他们对自己的生活方式、艺术表现形式都有非常明确的认识，这也确实给他们力量组织起来制衡中产阶级，所以能够在公共政策中比较有效地保护自己的利益。这个策略很有意思：我要保护自己，不是比你更优越，而是要跟你较量。当然这个策略现在在实践中也不很有效，很重要的原因也是全球化，世界精英的出现，使得工人阶级很难有一个明确的敌人，同时工人阶级的经济生产和基础已经变得太小。

吴琦：这些特征是不是都与中国崛起的时间点有关系，主要的发达国家都进入了资本主义发展的新阶段，一些学者描述为晚期资本主义，但中国还在社会主义初级阶段，与此同时技术和娱乐的爆炸是全球性的，在这些方面迅速地把世界拉平，因此产生了这种纵向与横向流动的交叉性和复杂性。您认为这是否是中国的特殊现象？或者说，这在人类历史上是否是一个新的现象？

项飙：是不是人类历史上一个新的现象不敢说。但像中国的这么大规模，人人都不认命，这可能不是经常出现的现象。你提出的全球视角很重要。在技术、讯息和娱乐上，我们确实进入了地球村的时代，在经济和财富分配上，世界是个角逐场，在政治和意识形态上，又是割裂和对立的。这也算是"太平洋悖论"的一个延伸吧。

吴琦：您在清华大学的讲座中[1]也提到，中国崛起作为一个经济事实，和它作为一种社会意识，中间是有鸿沟的，这个鸿沟是否就可以通过"人的再生产"这个概念来理解？

项飙：我们可以说这种经济增长确实是物质生产主义的，主要靠物质生产的积累来实现高速的大规模的增长，很大程度上正是以不重视"人的再生产"为代价。举一个关于"悬浮"的例子。有一位出租车司机，开两班车，我

---

[1] 2018年12月20日，在清华大学人文与社会科学高等研究所举办的"中国经验"与第三世界的全球问题系列讲座上，项飙教授做了题为《出国打工：商业化、行政化和"社会上的人"》的讲座，通过东北出国劳工和中介公司的案例，讨论了"社会人"如何被秩序化的过程。

问他怎么不累，身体怎么样。他说："身体？身体是以后的事。"这就是以"人的再生产"为代价，来追求高速度。很多人说，你说得太理想了，要是大家不那么高速的话，我们年轻人基本的物质条件上不去，就会有大规模的失业、贫困，会有更大的问题。这个有点似是而非。要用中国现在的经济总量来讲的话，如果进行彻底地再分配，这些问题都会解决掉，我们的物质总量，够大家过得好。现在我们好像被绑架了，一定要更高更快更强，正是因为不太愿意进行激烈的再分配，已经获得的人还要获得更多，同时又要把下面的人也提上去，这个确实很难，今后可能还是要慢慢走向再分配的思路。

这就牵扯到"占有"的概念。钱是我赚的，怎么可以再分配？这个人类学有话可讲。你讲到小时候的集体生活，占有的概念是很薄弱的，人应该分享，"占有"确实是改革开放之后才逐渐盛行，人们变得斤斤计较。现在"占有"成为重要的人生目标，确实值得更好地研究，因为中国传统里没有特别强的占有概念。最重要的资源是土地吧，土地有地表、地下权的分离，土地流转比较频繁，大多数情况下地主不是特别大，富不过三代，轮流来，宗族又有义田来济贫。现在的"占有"，占和有可以说是对立的。你居者有其屋，那是"有"；你一个人买那么多套房子，把房价抬得那么高，自己食利，那就是"占"了。

温州访谈

寻找新的话语

吴琦：您谈到阶级流动的情况和普遍的生活感受，我觉得普通读者都能共鸣，但的确缺乏工具或者框架去认识它们。放在上世纪90年代或者2000年初，那时还有关于左与右的讨论，两边对于中国社会的描述以及背后的原因，都有具体的指向，比如左翼认为是资本主义这个大的系统出现问题，右翼说是权力本身的腐朽和话语的滞后。但现在一个很大的问题是，首先这个对立慢慢在消失，其次可能也因为对立的消失，公共话语本身也消失了，没有回应大家实际的感受，所以有一种普遍的不知所措。一方面感受到自己的生活出现了具体的变化，也包括进步，但另一方面又觉得不足够，不知道怎么理解，也不知道对抗什么，索性不想那么多，生活还能照样过，也蛮舒服。

项飙：对，在某些时刻比较舒服，但焦虑也没有消失。工作、按揭、子女教育，压力还是有，觉得自己要努力，但他们觉得这个压力不是谁的错，就是跟自己较劲。我完全同意你的分析，现在在思潮上有这么一个转变，具体问题还是有争论，但大的分野不存在了，这就逼着我们一定要找出新的语言来描述现在这个状况。

在今天，生活方式跟资本、国家权力同等重要。今天

寻找新的话语

确实很难明确地讲什么是资本和劳动的关系、国家和公民的关系、自己和自己的关系，体现在生活方式上，都融合在一起。如果要拿阶级或者劳工分析的视角去看，可能都看不准，还真要拿生活方式、娱乐方式来看。而且这种文化的分析不能像原来那样把文化当作一个新的变量。为什么要引进文化分析，其实是要引进被分析者本身，就是普通老百姓，特别是青年，他们应该成为思考的主体。文化这个概念可能会引起误解，一讲文化大家就觉得是文学、艺术，其实它就是指生活方式、日常经历、生活意义，包括抖音这些，六七十年代的文化研究[1]，和在此之前的法兰克福学派给了我们很好的例子。我们在前头提到中国老百姓所追求的好生活，在社会意识上是比较同质的，大家都差不多，但是手里的资产是很不一样的，而且大家也知道这一点。那么究竟这两个事实怎么在日常实践中被糅合在一起，就需要看生活方式的构建。

---

[1] 1956年，英国学者雷蒙德·威廉斯和理查德·霍加特（Richard Hoggart）对于当时英国文学研究中的"大叙事"不满，认为文学不仅是为受过高等教育的白人服务，更应该接近劳工阶级。因为中下阶层的大众更喜欢通俗文化，所以后来的"文化研究"也逐渐以大众文化（Popular Culture）为主要研究范围，威廉斯和霍加特于1964年成立了著名的"伯明翰当代文化研究中心"，"伯明翰学派"（Birmingham School）之名也不胫而走。文化研究关心的是日常生活中的意义与活动。文化活动是指某个文化中的人们如何去做某些事情（比如说观看电视或外出用餐），而他们之所以这样去做事情则与某些文化意义有关。

吴琦：这些不同题目的研究，背后的观点呼之欲出，都是有价值判断在里面，只是这种批判性不是通过评论的方式发出的，而是在细致的材料和推导中浮现出来。其中的思维顺序是怎样的？是一开始就不关注观点或情感上的导向，只是进入描述，还是说那种知识分子式的关怀——也就是我们之前批评的那些，已经内在地进入了您的思维，然后通过描述把它带出来？

项飙：客观上讲，可能是你刚才讲的第二种情况，我也被编程（program）了，肯定受知识界思潮的影响。我在看具体问题的时候，最重要的兴趣可能是两个，一个是我要看事情内在的矛盾。事情发生肯定都不是一帆风顺，有多种力量在后头较量，哪个占了上风，要把这个事情讲清楚。另一个确实是比较有兴趣讲总体秩序，我觉得有价值的研究应该给大家一张地图、一种方向感，判断事情大概会往哪边走。

比如我最近思考的"物流型权力"。流动是中国社会变化当中很重要的一条线，原来整个中国的社会组织是靠不流动，不换工作，不换居住地，所有物质资源都是通过计划指标。改革之后，从农村开始，人开始流动，物开始流动，所以90年代初，孙立平提出"自由流动资源"和"自由活动空间"是中国社会变迁的基本线索。当时的假设是，原来的权力是靠不流动维持的，现在自由流动空间大了，权力能够直接控制的东西就越来越少。所以当时孙立平预测，人们越来越从一个自主的"社会"那里获得生存资源和发展机会，市民社会慢慢会出来，国家权力会减弱。[1]但我们今天看到的是什么情况呢？流动性绝对在增强，今天的中国社会如果跟90年代初比，不仅是流动，而且是超级流动，农民工打工短工化，物资的流动就更不用说了，但是国家的权力也肯定加强了。所以我的一个问题意识就在于解释这么一个总体性秩序是怎么形成的。"物流型权力"想说我们现在有一种基于流动的权力在生成，它不是把流动当作管理对象，而是把流动当作权力的基础。

"正规化的纠结"也是说类似的问题。我们的日常确实看起来越来越正规，原来买火车票多麻烦，有黄牛什么的，现在这些事没了，整洁程度等等确实都比以前好多了，但有序化并没有让人心安理得，不安全感更强了，如何解释这个矛盾？[2]

提出这些问题可能跟知识分子式的关怀有关系，但不是很有意识的，如果是的话，我会认为它是一种局限。倒

---

[1] 孙立平：《"自由流动资源"与"自由活动空间"——论改革过程中中国社会结构的变迁》，载《探索》1993年第1期，第64—68页。

[2] 项飙：《正规化的纠结：北京"浙江村"和中国社会二十年来的变化》，载于《二十一世纪》2017年2月号：11—27。

不是说因为有某种关怀就成了局限，而是我的思考方式比较模式化了，老往某一个方向想。读者可能觉得这是一贯的问题意识，但我不太想有某种一贯性，那说明想象还不够，或者对实践的丰富性了解不够。比方说我会倾向于去讲去政治化或者非政治化，比如物流型权力、基础设施权力，这些都是讲公共事务变得越来越被技术化地处理，人民内部矛盾用人民币解决，不管有理没理，就是给钱，对错不重要了，这就是我说的去政治化的意思。香港也是一样，商人治港，别问原则，老老实实做生意，其他的都无所谓，但是这个不可能长治久安。我的这个思路不是不对，但是我也提醒自己不能老用这个思路去看社会变化。

吴琦：如果先撇开知识分子这样一种历史角色，而具体地谈他们身上的特质或者关怀，是不是还是有一些正面、健康、不应被抛弃的东西？有的人表述为常识，认为我们应该守护常识，或者是道德原则，是某种灯塔。虽然您把那种知识分子的惯性说成是一种局限，但另一方面来讲，这里面也有自然的部分，有应该保持、值得借鉴的地方吧？

项飙：什么是最重要的知识分子气质或者特质？知识分子作为一个职业、作为一个群体，可能哪一天不存在了，知识分子被泛化到任何群体当中，人人都是知识分子。有没有遗留下来一种特质？我觉得可能有。在我看来，反思性可能是最重要的一点。这个反思性又是很新的东西，因为传统知识分子的目的不是反思，而是诠释，给出一个秩序，给大家一个世界观。反思是法兰克福学派普及起来的，它本身是很现代的，就是说大家不需要知识分子阐释世界的基本秩序，而是需要对世界秩序做批判性的分析。这确实很需要。现在每个人每天的主要任务是把这一天过完，把任务完成，大家都要线性地往前进。反思的意思是，你要阻止自己，要把自己停住，不要线性地往前冲，想一想为什么今天要这么做，不能用别的方式。这个精神可能是有意思的一点。

其实知识分子提供的就是一种生活方法。各种各样的人有各种各样的生活方法，道家有道家的，财务总监有财务总监的，知识分子的生活方法的要义就是分析性的反思。反思就是提问，为什么会这样，为什么不能这样。提问要有一定的逻辑性，根据实际的观察进行比较，通过推演。这不是对别人的责任感，也不一定是共同体的责任感，其实就是对自己、对自己附近的反思。其实共同体这个传统在非知识分子那里其实深厚得多。原来农民、工人，包括你们办公室里面的人，哪怕知识程度相对低，共同体的感觉会比较强，因为在同一个物理空间里一起劳动，会形成很多呼应。知识分子是比较自私的，个体性比较强，但是这个历史局限在当下倒可能可以给年轻人提供更适用的生活方式。

今天我们提到知识分子这个词很多次，但是我从来不是这么去界定自己的角色，这本书我也从来没有想到给知识分子看。但知识分子话语在中国还是很强，比如大学独立精神这种话语，有时候神化西方的大学。其实这不是很健康的思考方式。西方大学确实比较独立，但我们得考虑这个独立是怎么在每一天的实践当中构造出来的，它不是靠精神，它有它的方法。倒过来讲，在中国要独立也没有那么难，但关键谁都想当官，当了官有资源，有了资源就不想下台，那不就是不独立了吗？要在不造反不当官的情况下，做个普普通通的独立学者，是有可能的，没有必要拔得那么高。

吴琦：您多次提到学术工作要转向，要成为大家认识问题的辅助工具，包括您对非虚构写作抱有期待，希望它能够进入不同的圈层，但我始终怀疑，或者说悲观，目前观察到的大多数情况是大家仍然生活并且追求原来的那种学术生活及其带来的利益，还是喜欢高屋建瓴、指点江山，很少有人做出了根本性的转向，不知道您观察到的情况是怎样的？这种呼吁是否得到了一些回应？

项飙：这个才刚刚提出来，我现在没有很集中的观察。我觉得策略就是应该开始去做，做出一个样子看看，比如文献剧、非虚构写作、工人写作等等，都是一些新的手段。比如2000年的《切·格瓦拉》这个剧，艺术上没什么大的成就，但是不能这么看，它的动员能力强，是一种邀请。如果在这种邀请中加入更多学术的东西，我觉得是有可能的。目前体制一下子改变不了，学者得应付那些乱七八糟的发表要求，但至少可以业余做一点这样的尝试，和艺术、人文多学科合作。比如网络小说，虽然商业化色彩也很浓，人类学家可以进来提一些问题，发起征稿，就像做艺术一样，能看出新的问题。问题不是人类学家观察出来的，是大家汇集在一起用非常形象的意象表达出来的。但是这必须要跟一定的理念结合起来。否则只是把多种经历放到一起，说说经历的多样性或者矛盾性，可能有趣，但发展不出新的想法。所以学术要进来，要看出那个激起大家反思。

吴琦：这背后其实是一个普遍性的问题，关涉到学者甚至整个社会科学的社会位置，这可能是人文学科一次大的转变，但您还是强调个人的行动，来完成这个转型？

项飙：必须要从个体开始做，如果老是呼吁，没有拿出一个样子来，那些人不听的，所以只能是小范围先做做看。我可能是温州+牛津，很不北大的。温州人做打火机，而牛津是有英国的实证主义传统，任何大的词汇都令人生疑，一切都是要在实证里面验证，强调操作性，强调物质性。温州人卖打火机，一定要卖出去，一定要展示，这也是人类学很重要的特点。我一直觉得理论有不同的表达方式，有结构严密的推理型的理论，还有一种是展示性、图景式的，民族志就是图景式理论，通过无数细节一笔一笔叠出来，就像一幅巨大的壁画，不能把它浓缩为一个结论，如果浓缩为一个结论，就会觉得这个结论本身毫无意思。讲的就是常识，但有趣的是看它后面的细节是怎么叠出来这个常识的。我的乐观也是在这儿，现在年轻人想看这样的表述，这是完全合理的要求，人类学家应该满足他们。

作为中介的人类学

吴琦：您每次回国访学，发表文章，都会受到很多年轻读者的欢迎，这和我在周围观察到的现象是一致的，年轻人的确对人类学开始有空前的兴趣。以前，比如我自己上大学时，政治、经济、法律、新闻甚至历史学，都比社会学、人类学更可见一些，但最近几年，似乎有一股小风潮，大家都流行出国念人类学，其他专业似乎都已经成为一个固定结构中的一部分，而曾经特别冷门的人类学成为另类想象和实践空间。您感觉到这种情况了吗？对这些热爱人类学的年轻人有没有一些直接的观察？有没有发现什么变化？

项飙：学人类学的都是比较有趣的人，比较另类，但是像你所说，现在这个另类也变成了一个小主流。人类学变热，我觉得是大家真的想学到一些比较中层的、跟经验直接相关的分析工具。如果只写经验本身，有娱乐价值，有安慰价值，满足某种情感需要，但这个很快就会过去，是冷饮快餐式的。大的理论现在也有市场，也是满足情感需要，很多大理论也是在煽情。我们需要的智力分析越来越需要和人们的经验有直接的有机联系。大家想搞懂这个社会，当然想首先看到能看懂的分析。"懂"的意思是认得，人家讲一个东西我认得，意识到这是有潜在可能发生在我身上的事，这样一下子认得对方究竟要讲什么，这是基于自己的经验。大家渴望这种分析。

但我还没有看到年轻同学用自己富有激情的语言做社会分析，谈的时候我们觉得很有趣，但是看课题设计又回到那种所谓规范式、很无趣、常规性的题目。有激情的感受也变得僵化，好像是因为宗教式的为了寻找意义而做这个事情，而不是要面对社会现实，进入现实。这种寻求意义的动机非常好，但必须跟丰富、复杂的现实结合起来，所以还缺那么几步，这是我们年纪大一点的人需要去服务他们的地方。

吴琦：这种"服务"主要会在哪些场合展开，是教学、带学生，还是包括其他的公共活动，和文化界的交流，还有别的吗？

项飙：我觉得论文指导非常重要，这是很强的一对一的教育方式。当然提供好的范例也非常重要，一个好的范例超过很多理论。我们提倡的东西具有普遍性，但是很难给出普遍性的操作指导，比如搞一个手册一样的东西。要培养这样一种思考方式和一套操作能力，从哪里切入，怎样看到丰富性，不断质问自己，这些光靠讲都讲不清楚，必须溶解在实践里。每个人都有这样的潜在能力，所以不是要教他们这个能力，是倒过来，你要进到他那里去，把他们那个能力给勾出来。首先要把自己当成中小学老师、幼儿园老师，一定要把自己降下来，要去挖掘，知道他的弱点缺点和兴奋点，挖掘他身上潜在的那个思想者。这个没有办法统一地教，可以教一些典范。所以论文指导相当重要，因为在论文指导过程当中，对学生就有了比较好的理解，能够有真正的交流。

再一个，我觉得根据当下问题临时组织起来的小组讨论蛮重要，跟论文和课题都没关系。这一方面是时刻保持我们的思考，第二就是让思想有机，有机就是思想跟现实经验对得上号。一切思想都来自经验，这好像是很自然的事情，但要做好是需要训练的，得经常练，培养观察的精确性，快速地推理，看出破绽。出了一个事，大家坐下来，要聊得比较深，不是很容易。它又跟所谓的时事分析不一样，我们形成的不是政策建议，而是假设，主要是培养观察和思考能力。我们现在缺的是这种不断的讨论，最大的敌人是急于求成，一切都想赶快有个结论，没有时间去磨炼了。

吴琦：那天看您在清华访学，和硕士博士们交流，这应该是平时在牛津比较缺少的互动吧？好像讨论的双方都像海绵一样，是彼此打开的状态，想要充分地吸收。这是不是一种比较理想的状态？

项飙：对，你的观察完全对，国内对我最大的吸引力就在这个层面。清华大学当然跟汪晖老师的努力分不开，他创下的基础，赢得了很大的空间，包括制度的支持。再一个是同学的热情打动了我，这是我没有想到的，因为我讲的题目都是很小的事情，不是什么中国命运，大家还有兴趣，这给了我很大的鼓励。当然是很希望保持这样的交流。

但另一方面我也总有焦虑感，觉得自己应该有很实际的研究，总是做一些有趣的评论是不够的，应该要做出来一个实际的东西来，大家可以去验证。现在讲讲好像就是给大家提醒，指向一个可能的方向。导致这个问题的一个原因是我现在的世界比较割裂，我在牛津教的东西跟国内有关系，但着眼点很不一样。

温州访谈

比如"基础设施化",它的意思是,亚洲的政府越来越在人力培训和其他政策上投入,要为老百姓创业、增收提供良好的环境,也就是提供各类基础设施,包括硬件的和软件的,但是呢,提供基础设施不一定意味着老百姓就会实现有效创业、增收的结果。基础设施化是指这样一种发展模式:政府不直接提供实际福利,而是提供给老百姓获得这些福利的可能条件。这的确是对亚洲普遍的发展趋势的一种概括,但好像"杀伤力"不够。[1] 再比如我提出的"准移民"或者"预备移民"这个概念,意思是说,研究迁移,大家都从迁移出发,把回归和等待流动当作附属现象,不太用解释。但在我看到的现实生活当中可能倒过来,等待出国是最普遍的经验,对老百姓的生活有直接的影响。等待流出的人中间的小部分因为偶然因素才流出去。目前的管制非常到位,怎么流动都是事先规定好了的,没有悬念。倒是怎么等待是个复杂的事情,等的时候能干些什么,等了几年没出去怎么办?所以分析的重点不是实际的流动

---

[1] Xiang, Biao and Johan Lindquist. 2018. "Infrastructuralization: Evolving Sociopolitical Dynamics in Labour Migration from Asia". *Pacific Affairs* 91(4): pp.759–773.

过程，而是这个等待流动的过程。[1]在牛津主要讲这些，没有直接政治上的杀伤力。我还没有找出很好的路子，在那边想着这边，在这边想着那边，可能也能够互相印证，但不知道怎样才能更加有效地结合起来打通。

吴琦：上次在牛津谈到您在转型过程当中遇到瓶颈，在东方和西方之间，在人类学的工作和更政治性的社会参与之间，现在还是没有找到很好的解决方案？

项飙：对，没有。估计很多学者都面临这个问题，但我的问题可能比较尖锐一点。因为我领导的这个迁移研究硕士项目显然很受西方的影响，比如难民危机、移民的社会整合、第二代的教育，都是绕不开的问题。但我自己又是一个比较政治化的人，强调在地感，这些议题对我个人没有很强的在地感，所以张力比较大。这也涉及我现在理解的作为中介的社会科学和人类学，第一个是要做行动者和其他学科学者之间的中介；第二个是多样的意义形成和意义表达之间的中介，包括社会调研和人文艺术；第三个可能对我来说最重要，就是在地问题与全球视野之间的中介。

任何问题如果是真问题，它都是在地的。现在我们一

---

[1] Xiang, Biao. 2014. "The would-be migrant: post-socialist primitive accumulation, potential transnational mobility, and the displacement of the present in northeast China." *TRaNS: Trans-Regional and -National Studies of Southeast Asia*. Volume 2, Special Issue 2, July 2014, pp.183–199. 法文版见 Monde Commun, guest editors Michel Agier, David Picherit and Carolina Kobelinksy。

温州访谈

个最大的问题是，社会调研、社会分析理论都已经过分全球化了，因为杂志啊会议啊大家用的概念和理论都一样，没办法表达实际的问题在哪里。讲都讲得通，写文章写书都没有问题，但怎样把问题里面的味道讲出来，怎么才有震动力、杀伤力？在地性很复杂，不仅问题的起源是在地的，问题的发生是在地的，而且听众也有特定的理解和经验，所以叙述也应该是在地的。为了抓住那个在地性的问题，要和全球通用的学术语言保持距离，同时又要有一定的全球视野，在一个大的图景里看到它在什么位置，这样才能更好地判断。所以我觉得人类学应该慢慢成为这样一个中介，也不做什么比较研究，咱们就先把自己在地的感觉写出来，然后组织大家互相参照。

在互相参照的过程中，就要有理论。我们讲过理论和群众路线的关系，理论作为中介就很像毛泽东讲的群众路线，从群众中来，回到群众中去。在这样的过程当中，我们需要理论，因为只有通过理论，才能把分散的经验总结出来，总结出来的东西，必须要是有趣、有机、有用的，群众能够拿回去用。更重要的是，当你回到群众中的时候，需要理论去解释为什么这个经验有用，应该怎么样用，用了之后可能会通向什么样的未来。理论是为了互动。

为什么13世纪的欧洲特别是到14、15世纪的巴黎，成为现代大学兴起的地方，跟人口流动很有关系。人口流动逼着人们互动。我的一个假设是，流动其实是对人发展抽象又实证的理论化能力的一个很重要的推进，因为不一样的人碰在一起，需要互动，来回地比，要解释为什么我们的想法不一样，怎样能够达成一致，在这个过程当中理论出来了。如果完全在同质的封闭的社区、群体里，可能不需要理论去解释生活，有宗教、传说、规则就够了。我提这个假设的意思是说，理论是互动性的，理论是一种劝说，是一种动员，如果没有这种互动的精神，就没有真的理论。

前面讲我的生存状况，从乐观的角度来讲，也是一种中介，把在地问题和全球视野中介一下，在这个过程当中可能会有新的理论苗头出来。比方说我关于基础性权力、基础设施化的说法，你可以说它比较学究，比较全球视野，但也能帮助我理解在地的问题。基础设施化这个模式也不给你直接的东西，老是要帮助你找工作，培训你，在这种技术条件下赋权（empower）给你，有手机有微信，让你觉得和外面有联系，但就不允许你们自己组织起来。都是搞这个潜在性（potentiality），帮你搞成可就业的、可创业的、可致富的，但是实际就业、创业、发展的机会不一定增加。国家对发展的投入增加了，但老百姓的实际福利不一定多了。究竟谁收割了潜在性带来的好处是个有趣的问题。

我最近看几个在国内的会议上的论文，确实左派学者问题也不比右派学者小。那种教条性地反对帝国主义、反对西方，不太像中国人写的，基本是抄欧美左派的东西，大而化之，跟经验相差很远，剥削压制啊，身体政治啊，老百姓感觉不到的。那是一种粗暴的还原主义，也是一种粗暴的精英主义，"你们老百姓都被糊弄了，我在揭示真理"。这个确实看了比较讨厌，是粗暴的语言全球化、语言抽空化。这样的学术就完全没有中介性。

吴琦：这让我想到，现在很多学者对全球问题的归因，就是一个词——全球新自由主义，感觉可以解释一切问题。但这样一个理论框架是否足够有效？我们是需要寻找一个替代性的理论去描述它，还是说彻底推翻这种概念？

项飙：我觉得不要用它。什么叫全球新自由主义？你怎样理解这个全球？新自由主义本身是什么意思，就讲不太清楚。中国有新自由主义，美国有新自由主义，差别那么大，怎么都把它叫作一个词？明显是不精确的，为什么大家还要用？原因之一就是要维持话语权，让学者互相认得，去开会发表，以致老百姓不再认得你。这不是学术功力不够，不是学术问题，实际是一个实践问题、权力问题，是学术圈怎么玩的问题。要进入学术圈，我们大部分人写文章是为了让其他学者认可，而不是让你的研究调查对象认可。

对我来讲，对应手段绝对不是要找寻一个新的范式，这个很明确，寻找新的范式就是拉一个新的话语权，没什么意思，而是要从在地问题开始。全球视野不是说有那么一个现成的全球概念，而是注意到多样性，尽量去参照，看看中国怎么弄，看看印度怎么弄，走到哪一步不知道，没有关系，这是一辈子的历程。所以不是取而代之，而是我们必须远离这种单一性框架。

再谈乡绅

吴琦：回到温州，我们应该再谈谈乡绅，在这里的生活体验，也是乡绅精神的来源。

项飙：乡绅精神是内心自主性的根源，那乡绅精神自己靠什么维持？就是靠这种对日常生活细节的兴趣。就像我们在温州聊松糕怎么做，鱼丸怎么揪，一步一步来，花那么多时间，这是过年全家在一起的集体劳动，也是几百年积累起来的地方文化，老百姓在这里看到很多乐趣。其实这是中国一个很可贵的东西，各个地方都不太一样。我对民间文化蛮感兴趣。

温州访谈

民间文化作为研究快死掉了，又突然成为人文社科里面最赚钱的学科之一，因为搞申遗、博物馆建设、地方形象研究，需要陈列和论证。我是尽量保持乐观，觉得这是好事，用这些资源去挖掘这种风俗总比没有好。关键是下一步。学者应该有打太极拳的精神，"势"很重要，汪晖老师经常讲，势是一种内在的潜力，它是不确定的，总是存在变化的可能，你要顺着这个势往一定的方向去。现在怎样能够利用民间文化研究这个资源，把它变成一种底气，不要让它仅仅变成博物馆里面的陈列。要成为一系列的叙述，一个强大的自觉，讲出来之后，能让你觉得站在这个世界上有根基，如果外面来的东西你觉得不懂，你就有勇气说不懂。

这种非常细致的观察，往大了讲，蛮有安身立命的意义，让你感觉生活更有趣，不会被外在的镜像所忽悠。为什么会有这种观察？妙就妙在这里。很多人可能从来不观察。乡绅的独特性在这里。原来的乡绅有这个项目，要写地方志，所以要做这样的观察。这又回到学养的培养，这种对人对生活的好奇，不断地追问，就是作为乐趣本身。人文教育应该从这里开始。所谓知识就是对世界上发生了什么事有根有据的了解，从这里开始，去观察，去沉淀，慢慢沉淀出底气。

吴琦：之前您提到过舅舅对您影响很大，这次在温州，我见到他，果然是一个本地通，他似乎知道温州的一切是怎么构成的，真是一个具体的有乡绅感觉的例子。中国社会里其实一直有很多这样的人，散布在各行各业里，并不好统一定义他们，就是什么都知道一点，什么都能讲，而且讲得很有趣，能把生活的质感和层次讲出来。

项飙：这个质感是很重要。以前我们看地方宣传的纪录片，拍得很夸张，也介绍鱼饼怎么做，但就是没有质感，变得博物馆化。这个差别很细微，让学生去博物馆，看了之后感受不到那份质感，更加感受不到这种底气，博物馆都是有先入为主的叙述框架。我强调实证，是很典型的实证主义，一切道理都来自发生过的事情，这个显然哲学上站不住脚，因为头脑里发生过的东西也是真的发生过，但外在的东西不能够轻易被处理掉。具体的鱼饼很重要，不能够把它轻易概念化，说它是温州象征等等。你必须知道它在物理意义上怎么被做出来，才会有底气和精神。

吴琦：舅舅的表达也是非常生动的，全是口语，随口就从特别具体的事情开始，比如亲戚里的某个人、饭桌上的一道菜，立刻扯出一个故事或者地方知识的网络。我能够感觉到这种描述对您的影响，而现在我们想要掌握这种描述能力的话，需要很多的训练。

项飙：非常难。我在牛津带学生，就是希望他们能够把身边的事情讲清楚，然后把他们要研究的事情讲清楚，实证的能力就在这里。我这个舅舅，早年做外加工，温州有很多小商品生产者委托他加工一道工序，他买一架机床，在自己的厨房做，跟我舅妈一起，后来雇了两个人。他非常辛勤地工作，同时大脑里面充满这么丰富的知识，对生活有那么细致的观察。我妈妈说他小时候擦玻璃窗的时候永远擦不完，因为是用报纸擦，他一看见字就开始读。很可惜的是他的教育中断了，这样的人在中国太多了。

吴琦：回到温州见到家人、同学，对您的哪方面刺激比较大？特别是和北京相比。

项飙：会给我恍如隔世的感觉，这本身可以让我醒着（aware），让我知道世界有很多面。再一个，跟同学跟家人聊天，可能会提醒我做得更加有机。其实我还是一个比较书呆子的人，虽然我讲话尽量用白话。比如昨天同学聚会，有不少关于男女关系的玩笑，平时我们很少听到，也不知道怎么参与。注意到这一层，对人类学家是蛮重要的，因为普通人大量的日常交流是这种玩笑，没有实际的意义，而男女关系确实是非常重要的一块，不管有影没影。所以要提醒自己，大家有不同的交流方式。

这里也让我想到为什么男女关系会变成一种调侃，变成同学交流中重要的内容和线索。这可能跟年纪有关系，在中国，四五十岁已经到了一个"去性别"、"超性别"的年龄，孩子已经都大了，已经不讲当年初恋啊那些事，但又有点怀念青春。我不记得过去大家会讨论这些事。

另外这和我们对性关系、性别关系的认识都有关。比如在西方，这些玩笑在我们同学这样的社会阶层是不可想象的，特别是男女同学都在一起的时候。在他们看来，性关系是很直接的事情，不需要遮掩，所以也不用到一定年龄说出来。你要跟一个西方人开这样的玩笑，像吃豆腐之类，他第一反应是你在讲一个事实，能把他吓死。然后你说，不用怕，只是个玩笑，他就更糊涂了，对他们来说这没有什么好笑的。但我们讲出来是有一种解放感，然后这个解放感会在群体里形成特殊的亲密感，所以有趣。这类玩笑在印度、日本也不太可能，要看具体的圈子。这又和对性别关系的理解有关。在中国的同学聚会上，男女同学的声音分贝、饮酒量的分布是非常平等的，但女性也普遍地接受特定的性别角色，对有歧视性的玩笑并不在意，她们甚至会用很强势的口吻教育你去接受主流的性别角色。大家同时既是小媳妇又是强悍的婆婆，过小媳妇的日子，说强婆婆的话。所以性别关系既是很平等的，又是不平等的。

吴琦：在这样的饭局或者社交场合里面，您是一个积极的参与者还是旁观多一些？会不会有一些社交的压力？

项飙：在旁边努力笑。当然在饭局里面我会被认为是一个比较重要的角色，从外国回来，所以我不会被冷落，但是也参与不太进去。这个蛮重要的，直接感知一下社会场是怎么构造出来的。也不构成压力，对我也是一个好的观察。我近些年融入群体的能力有些下降，可能是精力问题，因为这挺需要精力的。在这方面我比较幸运，我不是出生在一个高级知识分子家庭，高级知识分子家庭可能就很封闭，来往的朋友同事可能都是高级知识分子，交往的能力更差。

有的时候，这种交流会给我非常有意思的线索。昨天吃饭的时候，大家讨论要不要把孩子送出国这个事，一个同学说，最近有人发了一个帖子，也是同学圈里的人，说还是该出国，但出国之前孩子一定要有过初恋，他说，因为有过初恋就说明他/她是"正常"的，出国之后就不用担心。男同学都认同，有两个女同学不同意。有个女同学说，如果真的不是异性恋取向，只能接受，晚接受不如早接受。那个男同学就说，去外面学坏了，你肯定是不可能接受的，哪天女儿出去，要带一个印度人、阿拉伯人或者黑人回来，你肯定不高兴。结果这位不介意同性恋的女同学对这点倒同意。我很好奇，问她阿拉伯人、印度人哪里不好，她说是智商问题，亚洲人和犹太人的智商是110，在美国的黑人是90，在非洲的黑人是80。这样的讨论对我有启发，背后的意思蛮丰富，直接联系到我的课题"人

再谈乡绅

的再生产",联系到前面我们讲的流动性和保守性的紧密联系,在流动的过程中保守性是如何出现的。

吴琦:这些都成了研究的原材料。

项飙:与其说是一个搜集材料的场合,不如说是一次学习。你要去理解每个人的合理性在哪里。我觉得这种社交比圈子更有趣,虽然有点不舒服,但有意思,因为它给你的刺激更大。知识分子圈里的交流更多的是自我认证,互相认证,跟你那天在研讨会上讲得很像,大家都没有把自己在同学会上的那种行为亮出来,那种"亮出来"非常有趣。

我有一个姨,原来在校办工厂,后来去了镇上一个牛皮收购站,再后来开面馆,干了很长时间,她有时候也会给我启发。冯客[1]研究中国近现代史的课题,提及不少材料是关于"大跃进期间"干部开会消费掉多少牛肉、米饭、茶叶,数据讲得很清楚。我姨夫在吃饭的时候说过去吃不饱,说这是很奇怪的事情,农民自己种地居然吃不饱饭,我第一反应就说起冯客的这个研究,根据现在档案里面的发现,某个会议上吃了多少。我姨马上说了一句话,她说这不是吃了,都拿回家了。这个非常直观的反应,一

---

[1] 冯客(Frank Dikötter,1961—),荷兰学者,现任香港大学历史系讲座教授,教授中国近代史。

下子有两条信息在里面：第一条，她没有反驳征收和饥荒的关系；第二条，不像冯客认为的那样，这些官员非常腐败、贪婪，吃得多，其实可能是小心翼翼地包起来拿回家了。这也是一种再分配，把它从底下抽取出来，在高层再分配，在干部的家族里再分配。这个跟我原来想象的开会的时候花天酒地这种恶劣的行为不一样。这个判断非常精准，在那个时候不可能浪费掉，也不可能自己撑着吃掉、挥霍掉，可能是一种自下而上的再分配，或者逆向的再分配。这一下子就把体制是怎么运行的丰富性凸显出来了。

这种对日常生活的耐心和放松，在北京感受不到。北京是大城市，你不管跟谁说话，语言都非常统一。温州不一样，温州话就是比较怪的，很多不能直接翻译成普通话，这可能造成人们思维的相对独立。再一个，温州和体制有距离感。如果没有距离感，或者就替那个体制辩护，或者相反，把当时的干部想象成像野兽一样贪婪的人，都太简单。距离感产生了精确性。

尾声

与项飙教授的谈话暂告一个段落，这本书作为阶段性的成果，历时三年终于出版，有机会与各界读者更多地沟通。

书中涉及的问题较多，随着谈话不断跳跃，有的只是几笔带过，未能一一解释完整，因此我们希望把这次谈话发展成一个长期的项目，未来会通过出版、座谈、播客等形式继续进行。也通过这本书，邀请各位的加入。不论你的背景如何，从事什么专业，如果针对书中谈及之处有任何问题、异议想要提出，或者希望通过文章、艺术作品、社交平台互动等形式回应我们，可以通过以下邮箱：talkingtoxiangbiao@163.com 取得联系。

还需要说明的是，谈话主要在 2017—2019 年之间进行，彼时的社会事件和国内外环境，是许多问题提出的背景，也是对它们的直接回应。

尽管 2020 年如此特殊，改变了许多人的生命历程和思考轨迹，但对话的精神、带有反思的实践不应停止，我们所选择的生活与研究都要继续下去。

附录
项飙著述目录

个人专著

- *Making Money from Making Order: International Labor Recruiters and the Chinese State*. Princeton University Press, forthcoming.
- *Transcending Boundaries: Zhejiangcun: the Story of A Migrant Village in Beijing*. Translated by Jim Weldon based on *Kuayue Bianjie de Shequ* (see below). Brill Academic Publishers. 2005.
  (Reviewed by *Journal of the Royal Anthropological Institute*; *Population and Development Review*; *The China Journal*; *Asian Anthropology*; *China Review International*; *Asian Journal of Social Science*; *Population, Space and Place*.)
- *Global "Body Shopping": An Indian International Labor System in the Information Technology Industry*. Princeton University Press. 2006.
- 《跨越边界的社区：北京"浙江村"的生活史》，北京：三联书店，2000年。
- 《全球"猎身"：世界信息产业和印度的技术劳工》，王迪依据英文著作 *Global "Body Shopping"* 翻译，北京：北京大学出版社，2010年。

编辑的图书及专题读物

- *Return: Nationalizing Transnational Mobility in Asia*. edited with Brenda Yeoh and Mika Toyota. Duke University Press. 2013.
- Special issue of *Pacific Affairs*, "Opening the Black Box of Transnational Mobility: Brokers, the Organisation of Transnational Mobility, and the Changing Political Economy in Asia." edited with Johan Lindquist and Brenda Yeoh. 2012, 85(1).
- Special Issue of *Ethnography*, "Ethnographic experiments in transnational

mobility studies". edited with Mika Toyota. 2013, 14 (3).
- *Social Debates in Contemporary China*. edited with Wang Hui, Jennifer Holdaway, Shi Anshu and David Kelly. Princeton University Press. In preparation.
- Special Issue of *Cross-Currents*, "Governing Marriage Migration". edited with Elena Barabantseva and Antonia Chao. 2015 (No. 15). https://cross-currents.berkeley.edu/e-journal/issue-15/intro.
- Special Issue of *Mobilities,* "Migration Infrastructures and the Constitution of (Im)mobilities". edited with Weiqiang Lin, Johan Lindquist and Brenda S. A. Yeoh. 2017, 12 (2).

英文期刊论文

- Lindquist, Johan and Biao Xiang. 2019. "Space of Mediation: Labour Migration, Intermediaries and the State in Indonesia and China since the Nineteenth Century". *Revue Européenne des Migrations Internationales*, 2019, 35 (1 & 2): 39-62.
- Xiang, Biao and Johan Lindquist. 2018. "Infrastructuralization: Evolving Sociopolitical Dynamics in Labour Migration from Asia". *Pacific Affairs* 91 (4): 759-773.
- Xiang, Biao. 2017. The base: a case of infrastructural governance of labour outmigration in China. *Mobilities* 12 (2): 175-187.
- Lin, Weiqiang, Johan Lindquist, Biao Xiang & Brenda S. A. Yeoh. 2017. Migration infrastructures and the production of migrant mobilities. *Mobilities* 12 (2): 167-174.
- Xiang, Biao. 2017. Hundreds of millions in suspension. (Preface for the inaugural issue of *Transitions: Journal of Transient Migration*). 1 (1): 3-5.
- Xiang, Biao. 2016. Theory as vision. *Anthropological Theory*. 16 (2-3): 213-220.
- Xiang, Biao. 2016. Beyond methodological nationalism and epistemological behaviouralism: drawing illustrations from migrations within and from China. *Population, Space and Place*. Volume 22, Issue 7: 669-680.
- Xiang, Biao and Johan Lindquist. 2014. Migration infrastructure.

International Migration Review, 50th Anniversary edition: 122−148.
- Xiang, Biao. 2014. The would−be migrant: post−socialist primitive accumulation, potential transnational mobility, and the displacement of the present in northeast China. *TRaNS : Trans−Regional and − National Studies of Southeast Asia*. 2 (2): 183−199.
- French translation to be published in *Monde Commun : Des anthropologues dans la cite*, guest editors Michel Agier, David Picherit and Carolina Kobelinksy, 2019 (3): 128−145.
- Xiang, Biao. 2013. Multi−scalar ethnography: An approach for critical engagement with migration and social change. *Ethnography*. 14 (3): 282−299. Reprinted in Kahryn Hughes, Jerry Coulton, John Goodwin and Jason Hughes eds. *Contemporary Approaches to Ethnographic Research*. New Delhi: Sage. 2017, forthcoming.
- Xiang, Biao. 2012. Labor transplant: "Point−to−point" transnational labor migration in East Asia. *The South Atlantic Quarterly* 111 (4): 721−739. Japanese translation with revisions 2018 中国から東アジア諸国への労働「移植」：人材募集会社による移住管理システム, In 栗田和明（編）《移動と移民：複数社会を結ぶ人々の動態》京都：昭和堂, 157−199
- Toyota, Mika and Biao Xiang. 2012. "The emerging transnational 'retirement industry' in Southeast Asia". *International Journal of Sociology and Social Policy*, 32(11) 708− 719.
- Xiang, Biao. 2012. Predatory princes and princely peddlers : The state and international labor migration brokers in China. *Pacific Affairs*. 85 (1): 47−68. (winner of the 2012 William L. Holland Prize for best article of the year)
- Lindquist, Johan, Biao Xiang and Brenda S.A. Yeoh. 2012. Introduction: Opening the Black Box of Migration: Brokers, the Organization of Transnational Mobility and the Changing Political Economy in Asia. *Pacific Affairs*. 85 (1): 1−7.
- Xiang, Biao. 2011. A Ritual Economy of 'Talent' : China and Overseas Chinese Professionals. *Journal of Ethnic and Migration Studies*. 37: 5, 821−838.
Reprinted in *The Cultural Politics of Talent Migration in East Asia*. Brenda Yeoh and Shirlena Huang eds. Routledge: 154−171.

附录

- Pieke, Frank and Biao Xiang. 2009. Les Chinois au Royaume-Uni, ou l'illusion de l'immigration choisie. *Critique Internationale*. 4 (45): 97-117.
- Pieke, Frank and Biao Xiang. 2009. Legality and Labour: Chinese Migration, Neoliberalism and the State in the UK and China. *Geopolitics, History, and International Relations*. 1 (1): 11-45.
- Xiang, Biao and Wei Shen. 2009. International Student Migration and Social Stratification in China. *International Journal of Educational Development*. 29 (5): 513-522.
- Xiang, Biao. 2007. The Making of Mobile Subjects : How Institution Reform and Outmigration Intersect in Northeast China. *Development*. 50 (4): 69-74.
- Xiang, Biao. 2007. Productive Outflow of Skills : What India and China Can Learn from Each Other. *Asian Population Journal*. 3 (2) July: 115-133.
- Xiang, Biao. 2007. How Far Are the Left-behind Left Behind? A Preliminary Study in Rural China. *Population, Space and Place*. 13 (3): 179-191.
- Xiang, Biao. 2005. Gender, Dowry and the Migration System of Indian Information Technology Professionals. *Indian Journal of Gender Studies*. 12 (2&3): 357-380.
  - Reprinted in *Marriage, Migration and Gender*. Rajni Palriwala and Patricia Uberoi eds. Sage. 2008: 235-257.
- Xiang, Biao and Tan Shen. 2005. Does Migration Research Matter in China? A Review of Migration Research and its Relations to Policy Since the 1980s. *International Journal on Multicultural Societies*. 7 (1): 11-32.
- Xiang, Biao. 2004. Towards an Emigration Study : A South Perspective. *Economic and Political Weekly*. 39 (34): 3798-3803.
- Xiang, Biao. 2003. SARS and Migrant Workers in China. *Asian and Pacific Migration Journal*. 12 (4): 467-499.
- Xiang, Biao. 2003. Emigration from China : A Sending Country's Perspective. *International Migration*. 41 (3): 21-48.
  Reprinted in *The Chinese Overseas* (Routledge Library of Modern China), Liu Hong ed. Routledge. 2006 : 352-378.
- Xiang, Biao. 2001. Structuration of Indian Information Technology Professionals' Migration to Australia: An Ethnographic Study. *International Migration*. 39 (5): 73-90.

- Xiang, Biao. 1999. "Xi" , Relations Cluster, and Creation of a Migrant Community in Contemporary China. *Asian and Pacific Migration Journal*. 8 (3): 343−59.
- Ma, Laurence J. C. and Biao Xiang. 1998. Native Place, Migration and the Emergence of Peasant Enclaves in Beijing. *China Quarterly*. Vol. 155 : 68−103.
  − Reprinted in *People's Republic of China*. The International Library of Social Change. Frank Pieke ed. Aldershot : Ashgate. 2002.
  − Reprinted in *Contemporary Chinese Society and Politics*. Andrew Kipnis, Luigi Tomba, and Jonathan Unger eds. Routledge. 2009.

参著的英文图书

- Xiang, Biao and Qiang Ma. 2019. "Mobility Assemblage and the Return of Islam in Southeast China" in Eric Tagliacozzo, Helen F. Siu, and Peter C. Perdue eds. *Asia Inside Out : Itinerant People*. Harvard University Press: 52−74.
- Lindquist, Johan and Xiang, Biao. 2018. "The infrastructural turn in Asian migration" in *Routledge Handbook of Asian Migrations* (eds.) Gracia Liu−Farrer and Brenda S.A. Yeoh: 152−161.
- Xiang, Biao. 2016. "You've got to rely on yourself...and the state!" A structural chasm in the Chinese political morality. In *Ghost Protocol: Development and Displacement in Global China*. Carols Rojas and Ralph Litzinger eds. Duke University Press: 131−149.
- Xiang, Biao. 2015. "The rise of China, changing patterns of outmigration and the implications." In *The Handbook on Migration and Identity within China and Overseas*. Robyn Iredale and Fei Guo eds. Edward Elgar Publishing.
- Xiang, Biao. 2014. Pacific Paradox : The Chinese State in Transpacific Spheres. In *Transpacific Studies : Framing an Emerging Field*. Janet Hoskins and Viet Thanh Nguyen eds. Hawai'i University Press. 85−105.
  Chinese translation 太平洋悖论 (余旸 trans.)《区域》(2016) 北京：中国社会科学出版社 (Beijing: Chinese Social Sciences Publishing House)
- Xiang, Biao. 2014. The Return of Return: Migration, Asia and Theory.

附录

In *Global and Asian Perspectives on International Migration*. Graziano Battistella ed. Springer. 167−182.
- Xiang, Biao. 2013. Introduction "Return and the Reordering of Transnational Mobility in Asia". In *Return : Nationalizing Transnational Mobility in Asia*. Xiang Biao, Brenda Yeoh and Mika Toyota eds. Duke University Press. 1−20.
- Xiang, Biao. 2013. Transnational Encapsulation : Compulsory Return as a Labor Migration Control in East Asia In *Return : Nationalizing Transnational Mobility in Asia*. Xiang Biao, Brenda Yeoh and Mika Toyota eds. Duke University Press. 83−99.
- Xiang, Biao. 2012. "Wind through the Woods: Ethnography of Interfaces between Migration and Institutions" . In David W. Haines, Keiko Yamanaka, and Shinji Yamashita. Eds. *Wind over Water : Rethinking Migration in an East Asian Setting*. New York and Oxford: Berghahn Books. 36−46.
- Xiang, Biao. 2010. Labour Pains. In Ira Pande (ed.) *IndiaChina: Neighbours−Strangers*. HaperCollions Publisher: 252−261.
- Xiang, Biao. 2008. Ethnic Transnational Middle Classes in Formation. In Aswini Saith and M Vijay Bhaskar. eds. *ICTs and Indian Social Change: Diffusion, Governance, Poverty*. New Delhi: Sage Publications: 231−368.
- Xiang, Biao. 2008. Transplanting Labor in East Asia. In Yamashita Shinji , Makito Minami, David Haines and Jeremy Edes. eds. *Transnational Migration in East Asia: Japan in a Comparative Focus (Senri Ethnological Reports 77)*. Osaka: National Museum of Ethnology: 175−186.
  Italian translation by Gigi Roggero, in *La testa del drago. Lavoro cognitivo ed economia della conoscenza in Cina*. 2010. Ombre Corte.
- Black, Richard, Biao Xiang, Michael Collyer, Godfried Engbersen, Liesbeth Heering and Eugenia Markova. 2006. "Migration and Development: Causes and Consequences." In Rinus Penninx, Maria Berger, Karen Kraal eds. *The Dynamics of International Migration and Settlement in Europe : A State of the Art*. Amsterdam University Press: 41−64.
- Xiang, Biao. 2005. Working with Uncertainty. In Govindan Parayil ed. *Political Economy and Information Capitalism in India : Digital Divide, Development Divide and Equity*. Palgrave Macmillan: 174−195.

- Xiang, Biao. 2005. An Institutional Approach towards Migration and Health in China. In Santosh Jatrana, Mika Toyota and Brenda Yeoh eds. *Migration and Health in Asia*. Routledge : 161-176.
- Xiang, Biao. 2004. Indian Information Technology Professionals' World System: The Nation and the Trans-nation in Individuals' Migration Strategy. In Brenda Yeoh and Katie Willis eds. *State/Nation/Transnation: Perspectives on Transnationalism in the Asia-Pacific*. Routledge:161-178.
- Xiang, Biao and Zhao Jian. 2003. Changes in Contemporary Chinese Migration. In *World Migration Report 2003*. Geneva:International Organization for Migration.
- Xiang, Biao. 1999. Zhejiang Village in Beijing : Creating A Visible Non-state Space through Migration and Marketized Traditional Networks. In Frank Pieke and Hein Mallee, eds, *Internal and International Migration : Chinese Perspectives*. Richmond, Surrey : Curzon Press, 215-250.
- Xiang Biao. 1999. Expanding with Congregating : Studies on Migrant Communities in Beijing. In Stephen Fitzpatrick ed. *Work and Mobility: Recent Labour Migration Issues in China*. Asia Pacific Migration Research Network Working Papers. No. 6: 61-79.

中文论文

- 《"流动性聚集"和"陀螺式经济"假说：通过"非典"和新冠肺炎疫情看中国社会的变化》，载于《开放时代》2020年第3期：53—60页。
- 《正规化的纠结：北京"浙江村"和中国社会二十年来的变化》，载于《二十一世纪》2017年2月号：11—27页。
- 《从新清史到满学范式》（项飙、刘小萌、欧立德），载于《二十一世纪》2016年10月号：4—26页。
- 《中国社会科学"知青时代"的终结》（The End of the "Educated Youth Era" in the Chinese Social Sciences），载于《文化纵横》2015年12月号：70—79页。
- 《我们如何叙述当下、进入历史：兼论人类学的现实角色》，载于《考古人类学刊》83期（2015年12月号）：89—102页。
- 《劳工移植：东亚的跨国劳动力流动和"点对点"式的全球化》，载于

附录

《开放时代》，吕云芳翻译，2011 第 6 期：16—28 页。

——转载于《中国社会科学文摘》，2011 年第 10 期。

——转载于罗小茗编，《亚际文化研究读本》，上海人民出版社即将出版。

- 《普通人的"国家"理论)，载于《开放时代》2010 年第 10 期：117—132 页。
- 《猎身经营——不平等社会结构与印度 IT 业》，载于《中国经济》2010 年第 2 期和《二十一世纪环球经济》2010 年 3 月 23 日。
- 《寻找一个新世界：中国近现代对"世界"的理解的变化》，载于《开放时代》2009 年第 9 期：103—114 页。
- 《跨国华人》，载于《读书》，2004 年第 5 期。
- 《从浙江村到中关村》，载于《读书》2000 年第 4 期。
- 《社区何为》，载于《社会学研究》1998 年第 6 期：54—62 页。
- 《逃避，联合与表达》，载于《中国社会科学季刊》，1998，1（22）：91—112 页；同时收录于中国社会科学院社会研究所主办、应星主编：《中国社会学》，2002 年，上海人民出版社。
- 《进城农民：一个关系到每一个人的话题》，载于《中国农村》1998 年第 1 期。
- 《冷热北大》，载于《北京大学百年校庆特辑》，北京大学出版社，1998 年。
- 《社区发展与城市社会重构》，载于《战略与管理》1997 年第 6 期：11—19 页。
- 《传统和新社会空间的形成》，载于《战略与管理》1996 年第 6 期：105—116 页。

——部分转载于《读书》1997 年第 2 期。

——文章也收录于张静（编）《国家与社会》，浙江人民出版社，1998 年。

- 《八百万个流动梦》，载于冯林主等编《21 世纪中国大预测：百名学者精英访谈纪实》，改革出版社，1996。
- 《流动人口聚居区：全球的视角》，载于《瞭望》1995，48：26—28 页。
- 《清溪：城市社会成长中的割裂结构》，载于殷顺喜等编《创造 21 世纪的新文明》，北京：新世界出版社，1995 年：86—115 页。
- 《中国现代化进城中的"悬浮"群体》，载于《北京大学研究生学刊》1995 年第 10 期。
- 《乡—城流动经营户的租赁行为》，载于北京市统计局编：《北京年鉴 1994》，北京年鉴社，1994 年。

项飙著述目录

- 《落后农村地区的基层政府和经济启动》，载于北京大学主办:《跨世纪》1992 年第 3 期。

其他文章

- *The Coronavirus and Mobility Forum* https://www.compas.ox.ac.uk/project/the-coronavirus-and-mobility-forum/, including posts Mobile Livelihoods, Chain Reactions and Grid Reactions, Gyroscope-Like Economy (I and II), Point-to-point Labour Transport
- 《贴着地皮看世界》，《南风窗》，2015 年 5 月 6 日，http://www.nfcmag.com/article/5546.html。
- 《中国人像蜂鸟，振动翅膀悬在空中》(Chinese people are like hummingbird, vibrating wings in order to suspend themselves in the air)，界面新闻"正午"访谈，2014 年 12 月 17 日，http://www.jiemian.com/article/215429.html。
- "Space of mediation", *Anthropology News* (American Anthropological Association). 55 (12) December 2014.
- Review essay, "Who are the 'Us' and who are the 'Them'?" on *Us and Them? The Dangerous Politics of Immigration Control* by Bridget Anderson. *Anti-Trafficking Review,* 2013, 2 (2013): 156-163.
- "Why do Chinese Migrants Have to Pay so Much to Work Overseas?" *Pacific Affairs Memo #135*, February 28, 2012. http://www.asiapacificmemo.ca/why-do-chinese-migrants-have-to-pay-so-much-to-work-overseas
- Book Review : *The Individualization of Chinese Society* by Yunxiang Yan, *Journal of Biosocial Science,* 2011, 43 (1): 126-127.
- Book Review : Hsiao-Hung Pai. 2012. *Scattered Sand: The Story of China's Rural Migrants*. London: Verso. *Journal of Chinese Overseas*. Forthcoming.
- "The Changing Order of Mobility in Asia." *The Newsletter* (International Institute for Asian Studies). Spring 2009. No.50: 5.
- "Compulsory Return". *The Newsletter* (International Institute for Asian Studies). Spring 2009. No.50: 8.
- "Tackling Global Uncertainties." *City & Society*. 2009. Vol. 21, Issue 1, pp. 22-27.

附录

- "Chinese Overseas: Emigration and Globalization;" *Encyclopedia of Modern China*. David Fong (editor in chief). Charles Scribner's Sons. Volume 1: 253–256.
- "Outmigration;" and "Human Trafficking." *Encyclopedia of Modern China*. David Fong (editor in chief). Charles Scribner's Sons. Volume 2: 420–423.
- Book Review: *Chinese Migrants and Internationalism: Forgotten Histories, 1917 – 1945* by Gregor Benton. *Journal of Chinese Overseas*. 2008, 4 (1): 147–149.
- "A Time of Global Mobility, A Time of Global Entrapment." Essay for *Double: Photographs by Chang Chien-Chi*. The National Museum of Singapore. 2008: 15–19.
- "The Social Production of Hierarchy & What We Can Do About It: Notes from Asia", in edu-factory collective. 2009. *Towards a Global Autonomous University: Cognitive Labor, The Production of Knowledge, and Exodus from the Education Factory*. New York: Autonomedia: 80–83. Italian version "La produzione sociale di gerarchia e quello che possiamo fare: appunti dall' Asia." In EduFacotry. *L'universita' globale: Il nuovo mercato del sapere*. Rome: manifestolibri: 83–86.
- "Commercial Bureaucrats: International Labor Recruiters and the States in East Asia." Special feature for *Asia Research Institute Newsletter*, Asia Research Institute, National University of Singapore. March 2008: 6. Reprinted at *Generation on Line*. http://www.generation-online.org/c/fc_rent11.htm.
- "Society is My Study Room." Interview by *Wenzhou Urban News* (Chinese). 21 June 2007.
- "Ouverture aux mobilités." *Migrations internationales—Chaînon manquant de la mondialisation*. revue "Courrier de la planète", n° 81/82, juillet–décembre, 2006: 73–77.
- "Relaciones internacionales y migraciones transnacionales: el caso de China" . (International relations and transnational migration: the case of China) *Revista CIDOB d' Afers Internacionals* (Barcelona), núm. 2005, 68: 133–149.
- "SARS: Public Health and Social Science Perspectives." (with Teresa Wong.) *Economic and Political Weekly*. 2003. June 21: 2480–3.

- "Communities Unbound." *China Development Brief*. 2003. Vol. VI No. 1: July.

部分公开讲座和演讲

- 2018 Gordon White Lecture, Sussex University, UK. https://www.youtube.com/watch?v=WREuYYT2CjI
- 2018 International Scholar Lecture, Seoul National University, South Korea.
- Keynote in Policy Workshop *Emigration Trends and Policies in China* for fourteen officials from nine EU Member States Embassies in Beijing. Organized by the International Organization for Migration (IOM). 9 January 2018, Beijing.
- Public Lecture: "The Other Precariat: Notes from Asia", University of California Santa Cruz. 2017. https://www.youtube.com/watch?v=kzXtJPDQ19o
- 2015 Wertheim Lecture, University of Amsterdam and International Institute for Asian Studies (Leiden).
- Keynote lecture "International Labour Recruitment: Conceptual and Policy Challenges". International Labour Organization, Bangkok, 3 October 2014.
- Mainstreaming left-behind children into community development and migration management. *Asia-Pacific Regional Preparatory Meeting for the UN General Assembly High-level Dialogue on International Migration and Development 2013*. May 29-31, 2013, Bangkok.
- The Intermediary Trap : International Labour Recruitment, Transnational Governance and State-Citizen Relations in China. *2012 Asia Lecture*, University of York, Canada, November 5, 2012. Published as York University Asia Colloquia Papers Vol. 03 No. 01 // 2013. https://ycar.apps01.yorku.ca/wp-content/uploads/2013/09/Asia_Colloquia_Papers_Xiang.pdf
- The Rise of Asia and the Rise of China. Keynote, *Conference on Inter-Asian Connections III*. Hong Kong, June 6-8, 2012.
- Ordinary People's Sociology. *Public lecture, Public Library of Wenzhou Prefecture*. Wenzhou, China. March 23, 2008.
- The Visible and Invisible Women. *International Conference on Gender,*

附录

- *Migration and Development*. Office of the President, Republic of the Philippines. Manila. September 26, 2008.
- Migration, the Left-behind, and Development. *UNICEF Regional Consultation on Children and Migration*, Baku, Azerbaijan. March 27-28, 2007.
- A New Mobility Regime in the Making: Policy Changes and Challenges in Chinese Internal and International Migration. Lecture for officials from the Ministry of Foreign Affairs and the Ministry of Finance, France, organized by the Institute for Sustainable Development and International Relations, Paris. October 16, 2006.
- The International Mobility of the Highly Skilled and Development: A Comparison of China and India. *United Nations Symposium on International Migration and Development*. Turin, Italy, June 28-30, 2006.
- Migrant Networks and Knowledge Exchange. Lecture for State Council Office of Overseas Chinese Affairs, People's Republic of China, Beijing. March 3, 2006.

索引

80 年代 16，30–40，106–113
Fun 70–72
爱 120–123，158，246
报告文学 31，34，59
悖论 229，251–253，255，258–263
边缘 5，24–25，74–88，90，93–94，106，110，129–130，191，260
操作化 169
差序格局 28–29，77
超越理性的理性计算 41
大众的思考工具 14
道德 52–54，99，105，110，168，179，205，222，233，235，268
杜赞奇 114，182，188，193
非虚构 159
非虚构写作 95，116，162，164–173，242，270

费孝通 27–29，47，77，79，175，233
个人经验问题化 133，210–217
功利的市场经济 44
共通性 131，202
共同理想 221，226–229
沟通性 68
国学热 51
横向的自我保护 138
基础设施型权力 213
距离感 18，29–30，40，94，97–98，147，150–158，182，197，288
跨语言的自我 178
理解 125–132，140，154，158–161，163，198，204，216，230–231
理论 4，6，22，26，29，36，38，57–62，68，89，95，119–120，152，271–274，

附录

278—280

理想主义 113

历史叙述 85—87，95，182

例外 144，203—209

领导权 137，225

流动 4—5，71，73，133，157，161，175，180，194，213，218—221，237，248—252，255—263，266—267，276—279，287，297—298

矛盾 20，22—23，36—37，86—87，100，118—119，127—128，161，167，169，171，177，184，197，237，240，266—268，271

民粹主义 100，110，149，186，244

民族主义 101，182，184—188，252

内在化 25

逆全球化 99—100

盘根 64，192—200，217

批判性 113，115，119—121，131，151，233，266，269

切入 94，96，127—128，157—158，161，217，274

青年 15—17，40—54，56，74，81，95，99，109，111，120—121，123，128—129，149，156—157，162，171，240，265

全球新自由主义 280

人的再生产 5，194，245—258，262—263

人类学 2，6，8，16，25，27，67，87，103，122，127，151，159—164，170，184，198，214—215，220，263，271，272—281，284

认命不认输 130，172，216，242

社会行动 57，128，213，231

深刻性 131，136，142，152，163，207

生活感 125

生活意义转移 74

实证主义 107，142，199，271，283

全球知识体系 201

思想访谈 16

太平洋悖论 251，262

图景 16，21—22，24，26，28—29，33，77，136，142，171，272，278

汪晖 37，107—108，114，211，

222，275

文化热 8，31，53，108

问题意识 22，177，221，267-268

物流型权力 266-268

物质性 116，166，183，271

现代化 25，42，110，231，259

乡绅 4，6，11，23-29，35，79，90-91，135，151，165，169，175，182，228-235，281-288

乡土意识 78

小世界 6，9，21，25，40，90，126，132，137，141，193，197，199-203，227，230-233

小资产阶级式的民粹主义 149

徐冰 141，153

叙述 5，16，21，24，26，84-87，95，102，103-104，111-112，159，182，186，278，282-283

悬浮 161，240-241，260，262，298

言行不一致 126-127

仪式经济 252-255

移民 73，86，150，175，179-181，248，252，276-277

以赛亚·伯林 6，97-98，142-143

艺术 8，22，31，38-39，71-72，85，115，116-117，141，153-154，161，183-184，189，198，206，209，231，242，261，265，271，278，289

异质性 195-200

有机知识分子 111，233

原本性 140

约翰·伯格 81，153-154，158

再生产性流动 194-195，213，256

占有 213，259-260，263

长时段历史 181，184

真实 15，36，48，62，90，92，94，168-169，198，204，240-244

真正的精确 22

正规化 267

挣扎 30，45，58，90，130，147，173-174，214，216

知青 48，62，89，109，161，211

知识分子 6，15，19-20，23，25，28-29，37-38，53，

59, 61, 81, 95-96, 98, 106-111, 144, 149, 162, 170-171, 179, 182, 185, 192, 205, 208, 232-234, 243, 251, 261, 266, 267-270, 286-287

直接性 31, 60, 62, 150-159, 165

中间人 137-138, 190

中介 6, 190, 210, 218, 255-257, 262, 272, 277-280

中心 5, 25, 28, 75-83, 94, 106, 129-130, 173, 181, 190, 192, 207-208, 247

主体间性 126, 131

主体性 76, 155

资源 6, 36-37, 51-52, 62, 73-75, 77, 80, 87, 117, 129, 138, 158, 193, 208, 211, 218, 231, 256, 259-260, 263, 266, 270, 282

纵向分化 260

左翼 118, 149, 204, 264

图书在版编目（CIP）数据

把自己作为方法：与项飙谈话 / 项飙，吴琦著．
-- 上海：上海文艺出版社, 2020.07（2025.8 重印）
（单读书系）
ISBN 978-7-5321-7695-3

Ⅰ.①把… Ⅱ.①项…②吴… Ⅲ.①文化人类学－文集 Ⅳ.① C958-53

中国版本图书馆 CIP 数据核字 (2020) 第 089879 号

致谢：本书封面图片源自图片分享网站 flickr 上网友 Hide 的摄影作品 "Jump over the sun"，参见 https://www.flickr.com/photos/heyeased-n/7215549796/。
因设计需求，封面设计师对原作做了修改处理。

发 行 人：毕　胜
责任编辑：肖海鸥
特约编辑：罗丹妮　邱宇同
书籍设计：许　烨
内文制作：李俊红

书　名：把自己作为方法：与项飙谈话
作　者：项飙、吴琦
出　版：上海世纪出版集团　上海文艺出版社
地　址：上海市闵行区景路 159 弄 A 座 2 楼　201101
发　行：上海文艺出版社发行中心
　　　　上海市闵行区景路 159 弄 A 座 2 楼 206 室　201101　www.ewen.co
印　刷：山东临沂新华印刷物流集团有限责任公司
开　本：880×1230mm　1/32
印　张：10
字　数：160 千字
印　次：2020 年 7 月第 1 版　2025 年 8 月第 20 次印刷
ISBN：978-7-5321-7695-3/C.0077
定　价：48.00 元

告读者：如发现印装质量问题，影响阅读，请与出版社发行部门联系调换。